W0061471

Zu diesem Buch

«Noch ein Buch über den Zweiten Weltkrieg? Den vielen Veröffentlichungen noch eine weitere hinzufügen? Ja.

‹Wir müssen uns erinnern, sonst wird sich alles wiederholen›, schreibt Marguerite Duras in ‹Hiroshima, mon amour›.

Nicht wahr – die Alten haben uns Jungen doch immer nur von ihren ‹Heldentaten› erzählt, wenn sie vom Krieg berichteten. Ereignisse, Schrecknisse stolz verklärend in Biertischeuphorie.

Sie haben nie richtig erzählt, was eigentlich Krieg war. Und das wollen wir mit diesem Buch versuchen. Erzählen, was Krieg war im Alltag der Frauen, der kleinen Leute.

Denn wer hat schon denen zugehört, die nicht von Kriegs-‹Heldentaten› zu berichten wußten, sondern die ihre Angst nicht vergessen konnten, die an die Toten denken mußten, an die Gemordeten, wenn vom Krieg die Rede war?

Wir haben Frauen befragt über ihr Erleben des Zweiten Weltkriegs, und wir haben ihre Berichte niedergeschrieben.

Sie berichten, wie sie sich in dieser schweren Zeit durchgeschlagen haben, wie sie überlebt haben.

Sie berichten, wie sie Lebensmittel gehamstert haben, was und wie sie gekocht haben. Sie erzählen von ihren Alltagssorgen.

Sie werden nicht mehr lange unter uns sein, die, die in diesem Buch berichten. Die die Schrecken des Zweiten Weltkriegs noch bewußt miterlebt haben.

Ihre Erlebnisse müssen den Jüngeren zur Mahnung überliefert werden.»

Sonja Spindler, 1935 im Wohnwagen geboren, war schon als Kind im Schausteller-Gewerbe dabei. Abgeschlossene Ausbildung im Hotelfach, seit 1973 wissenschaftliche Assistentin und Marionettenbauerin. Sie veranstaltete u. a. die Ausstellungen «Kriegsjahre» und «Die Karikatur in der Nachkriegszeit».

Rainer Horbelt, 1944 in Wismar geboren, Studium Theaterwissenschaften, Germanistik, Kunstgeschichte, Bühnenreifeprüfung, Filmhochschule München, arbeitete als Schauspieler, Lektor beim Fernsehen, Dozent, Bühnenbildner und Regisseur. Er veröffentlichte Erzählungen und Romane, drehte zahlreiche Features, Filme und TV-Serien, schrieb und inszenierte Theaterstücke.

Als rororo lieferbar: «Tante Linas Kriegs-Kochbuch» (rororo 7951)

Rainer Horbelt / Sonja Spindler

«Oma,
erzähl mal was
vom Krieg»

Zehn Frauen
erinnern sich

Erlebnisse und Dokumente

Rowohlt

Die Originalausgabe erschien 1983 unter dem Titel
«Wie wir hamsterten, hungerten und überlebten»
beim Vito von Eichborn Verlag in Frankfurt/Main

Wir danken dem Archiv der Stadt Gelsenkirchen
und dem Kultusministerium von Nordrhein-Westfalen
für ihre Unterstützung

Veröffentlicht im Rowohlt Taschenbuch Verlag GmbH,
Reinbek bei Hamburg, Dezember 1986
Copyright © 1983 by Vito von Eichborn GmbH & Co. Verlag KG,
Frankfurt am Main
Umschlagentwurf Manfred Waller (Foto: Spiegel-Archiv)
Satz Bembo (Linotron 202)
Gesamtherstellung Clausen & Bosse, Leck
Printed in Germany
780-ISBN 3 499 18328 5

Inhaltsverzeichnis

Vorwort

Noch ein Buch über den Zweiten Weltkrieg? Den vielen Veröffentlichungen noch eine weitere hinzufügen? Wir meinen: Ja!

«Wir müssen uns erinnern, sonst wird sich alles wiederholen», schreibt Marguerite Duras in «Hiroshima, mon amour».

Nicht wahr – die Alten haben uns Jungen doch immer nur von ihren «Heldentaten» erzählt, wenn sie vom Krieg berichteten. Ereignisse, Schrecknisse stolz verklärend in Biertischeuphorie. Sie haben nie erzählt, was eigentlich Krieg war.

Und das wollen wir mit diesem Buch versuchen: Erzählen, was Krieg war im Alltag der «kleinen Leute», vor allem, was Krieg war im Alltag der Frauen, die in dieser Zeit gelebt haben.

Wir haben solche Frauen darüber befragt, wie sie den Zweiten Weltkrieg erlebt haben, und wir haben ihre Berichte niedergeschrieben. Es sind Frauen aus dem Ruhrgebiet. Sie berichten, wie sie sich in dieser schweren Zeit durchgeschlagen haben, wie sie überlebt haben. Sie berichten, wie sie Lebensmittel gehamstert haben, was und wie sie gekocht haben. Sie erzählen von ihren Alltagssorgen.

Was Krieg mit Essen zu tun haben? Mit Kochen?

Es gibt da sicher Zusammenhänge – auch heute. Zusammenhänge, die offenkundig sind.

Wer heute rüstet, der muß wissen, daß er damit Menschen tötet, Menschen, die deswegen im Tschad, in Somalia, in Bangladesch verhungern müssen. Alle zehn Sekunden verhungern auf dieser Erde fünf Kinder. Alle zehn Sekunden werden auf dieser Erde 250000 Mark für die Rüstung ausgegeben.

Wer heute seine Rüstungsindustrie ausbaut, vernichtet damit Arbeitsplätze. Dafür gibt es auch in unserem Land Beispiele. Und er unterläßt es damit auch, die armen Länder instand zu setzen, sich selbst zu ernähren.

Und damals? Damals hieß die von der Reichsfrauenführerin Scholtz-Klink ausgegebene Parole «Am Kochtopf wird der Krieg gewonnen!» Und Schauspielerinnen wie Brigitte Mira und Gisela Schlüter waren sich nicht zu schade, solche Parolen in Propagandafilmen unters Volk zu bringen, Filme, die im Rahmen der Wochenschauen liefen.

Auch dazu haben wir Dokumente gesammelt, Filmskripts, Fotos, Zeitungsausschnitte.

Und Krieg?

Haben wir die Kriege vergessen, die in den letzten Jahren in Mittelamerika tobten, in Asien, im Südatlantik, im Libanon, den Krieg zwischen dem Iran und dem Irak? Eine Liste des Schreckens, die sich beliebig fortsetzen läßt.

Wie lange ist es her, daß in Großbritannien, eine Flugstunde von Düsseldorf entfernt, hysterische Frauen «we are sailing» sangen, als die britische Flotte in den Südatlantik auslief, und den «siegreich» heimgekehrten Marinern ihre nackten Brüste zeigten?

Wie lange ist es her, daß eine brennende Diskothek genügte, um in Libyen unschuldige Menschen zu töten?

Libyen ist zwei Flugstunden von München entfernt.

Haben wir nicht nur «Glück» gehabt, daß sich Gleiches nicht bei uns abgespielt hat?

Denn gelernt haben wir es doch nicht im Schulunterricht, nicht durch eigenes Erleben, daß Krieg nichts mit «Männerfreiheit» und «Abenteuer» zu tun hat.

Und wer hat schon zu denen gehört, die nicht von «Kriegsheldentaten» zu berichten wußten, sondern die ihre Angst nicht vergessen konnten, die an die Toten denken mußten, an die Gemordeten, an die, die zu geistigen oder körperlichen Krüppeln geworden waren, wenn vom Krieg die Rede war.

Sie werden nicht mehr lange unter uns sein, die, die in diesem Buch berichten, die die Schrecken des Zweiten Weltkrieges noch bewußt miterlebt mit durchlitten haben.

Ihre Erlebnisse müssen den Jüngeren zur Mahnung überliefert werden, egal, wie abschätzig «gelernte» Historiker über solche Geschichtsberichterstattung, über «oral history» denken mögen.

Wir wollten überleben, das war eigentlich alles

Karola Schwider, die hier berichtet, wurde am 9. 12. 1928 unter dem Mädchennamen Nachtigall geboren.

Sie besuchte die Volksschule und eine Frauenfachschule.

1949 heiratete sie einen Bergmann. Sie hat drei Kinder und lebt heute in Gelsenkirchen.

Ich war damals im Krieg ein junges Mädchen, ein Teenager würde man heute sagen, so fünfzehn Jahre alt etwa.

Mein Vater war im Krieg, und die Mutti war mit vier Kindern allein zu Hause. Ich bin hier in Gelsenkirchen aufgewachsen, in Hassel. Und so ein junges Mädchen in dieser Zeit, das mußte natürlich mit ran im Haushalt. Da gab's nichts! War ja auch ganz klar...

Und wenn ich heute zurückdenke, da sind natürlich Eindrücke geblieben, Bilder, die immer wiederkehren. Schlange stehen zum Beispiel. Wegen jedem bißchen mußtest du anstehen. Wegen Lebensmitteln, wegen 'n Stücksken Stoff...

Ich kann mich noch ganz gut erinnern, daß ich mal bei Niewöhner, beim Lebensmittelhändler, stand, eine ganz lange Schlange. Und ich seh nur noch vier Brote liegen im Regal.

Ich denk: «Mein Gott, wenn der die jetzt wirklich durchschneidet, dann bekommen nur noch acht Mann Brot...»

Ich hatte den Säugling auf dem Arm, unsern Gisbert.

Ich denk: «Lieber Gott, was sollst du machen?»

Da hab ich den Gisbert in den Hintern gekniffen, und der hat geschrien, wie verrückt.

Und da hat die Frau Niewöhner gesagt: «Komm mal vor, du bist auch ein armes Mädchen, immer mußt du die Kinder mitnehmen...!»

Auf diese Art und Weise bekam ich dann mein Brot. Man mußte eben manchmal listig sein. Zweihundert Mann standen da bestimmt. Ich war ja auch schon vorgerückt. Ich wollte mein Brot auf ehrliche Art und Weise bekommen. Aber da waren noch dreißig Mann vor mir. Und da hat man dann schon mal zu solchen Mitteln gegriffen.

Es gab ja sowieso nicht immer auf die Lebensmittelabschnitte, was draufstand. Mußte man ein bißchen Dusel dabei haben. Dreihundert Gramm Brot in der Woche, und wir hatten fünf Karten, das reichte vorn und hinten nicht.

Da kann man sich denken, wie ich nach Hause kam, wie glücklich die Kinder waren: Alla hatte Brot mitgebracht, die nannten mich immer Alla.

Ja, und dann hat man natürlich allerlei gemacht, um die Lebensmit-

Kraftspender Vollkornbrot

Eine unerschöpfliche Vitaminquelle für den Schaffenden / Die Partei tritt für die Ernährungsreform ein

Die NSDAP. tritt seit der Machtübernahme u. a. für die Forderung ein, mehr Vollkornbrot statt des eiweißarmen Feinbrotes zu verzehren. Die Deutsche Arbeitskorrespondenz sprach aus diesem Grunde mit dem Mitglied des Sachverständigenbeirates für Volksgesundheit der NSDAP., Prof. Dr. med. Wirz, um in diesem Zusammenhang die Frage einer möglichen Leistungssteigerung der schaffenden Bevölkerung im Kriege zu erörtern. Prof. Wirz äußerte sich dazu wie folgt:

Es ist zu beachten, daß die Vollkornbrotaktion durchaus unabhängig von der Kriegsernährung in Angriff genommen wurde. Seit 1919 sind die Debatten um diese wichtige Frage nie abgerissen, und nach der Machtübernahme hat das Hauptamt für Volksgesundheit der NSDAP. immer nachdrücklicher den Genuß dieses vitaminreichen Nahrungsmittels gefordert. Widerstände erhoben sich auf seiten der Großmühlenindustrie, weil man annahm, daß durch den Fortfall des Schälprozesses der Landwirtschaft bedeutendes Kleienmengen und damit wertvolles Viehfutter verloren gingen. Nachdem aber im Jahre 1937 nachgewiesen wurde, daß bei verminderter Einteilung des aus den Ernten zur Verfügung stehenden Korns dies durchaus nicht der Fall ist, hat sich die Großmühlenindustrie aktiv in die Vollkornbrotaktion eingeschaltet, ist nun nur noch eine Frage der Vernunft und der Geschmacksrichtung in der Bevölkerung.

Denken wir uns einmal einige Jahrhunderte zurück. Früher gab es nur sehr wenig Feinbrot. Zu neun Zehntel wurde die Gerste nur zu Vollmehl vermahlen. Die zunehmende Industrialisierung und Verstädterung hat diese ungesunde, von den Ernährungsphysiologen lange Zeit nicht erkannte Entwicklung leider nur noch gefördert. Wenn ich nun zuvor sagte, daß wir auf die Geschmacksrichtung des deutschen Volkes Einfluß ausüben müssen, so möchte ich dies an einem einfachen und alltäglichen Beispiel erläutern. Es gibt viele Menschen, die sagen, das Vollkornbrot ist ihnen zu schwer und zu unverdaulich. Das mag an vielen Stellen richtig sein. Wir haben daher von Januar bis Mai 1939 in Zusammenarbeit mit der DAF.-Lehrgänge allein 2000 Bäcker geschult und in Berlin im Frühjahr auch mehrere Lehrgänge für Bäcker abgehalten. Die deutschen Bäcker mußten lernen, gutes und leicht verdauliches Vollkornbrot zu backen. Und nun die Folge davon. Diejenigen, die früher sagten, das Vollkornbrot ist ihnen zu schwer, essen es heute mit Genuß. Es vollzieht sich also ein langsamer und gesunder Wandel in der Volksernährung.

Nun aber das Wichtigste: Die Neigung der Zeit vor dem Weltkrieg, hochkonzentrierte Nahrungsmittel wie Fleisch und Fett zu bevorzugen, hat nach Beendigung des verlorenen Krieges sich geradezu sprunghaft entwickelt, weil bekanntlich gegen Kriegsende gerade an Fleisch und Fett wirklich bitterste Not herrschte. So steigerte sich allein der Fettverbrauch gegenüber der damaligen Vorkriegszeit um 25 v. H. und der Fleischverbrauch um 30 v. H. Das war ungesund, was damals schon von einsichtigen Ernährungsphysiologen und Ärzten immer wieder, aber leider vergeblich betont wurde.

Die Gesundheitsführung der NSDAP. hat gerade hier viel bemüht, Wandel zu schaffen, um den ungesund erhöhten Fleisch- und Fettanteil in der Ernährung wieder auf das richtige Maß zurückzuführen. Um so mehr müssen jetzt die Nahrungsmittel bevorzugt werden, die in der Lage sind, dem Körper die notwendigen Kraft- und Brennstoffe zuzuführen und ihn in möglichst vollwertiger Form bewußten Formen wie Fleisch und Fett. In diesem Sinne ist auch schon seit Jahren von der Gesundheitsführung der NSDAP. das Vollkornbrot stets besonders empfohlen worden.

Das Vollkornbrot enthält nämlich im Gegensatz zum Feinbrot Eiweiß und Fett und dazu alle jene Stoffe, die eine vollwertige Ausnutzung der Kraft- und Brennstoffe gewährleistet und dem Körper darüber hinaus gesundheitsfördernde Gesundheitsstoffe zuführen.

Die Brotnahrung hat durch alle Zeiten hindurch immer nur ein Drittel der Gesamtnahrung betragen. Aber früher war es das Vollkornbrot, welches auf diese Weise bei noch viel weniger Fleisch und Fett als wir jetzt verzehren können, volle Gesundheit und Leistungsfähigkeit gewährleistete. Feinbrot kann diese Rolle nicht übernehmen.

Wir aber wollen ein gesundes, starkes und arbeitsames Volk, und dieser Weg führt über eine gesündere Ernährungsweise.

Die Kraftstoffe im Vollkornbrot können deshalb besser in Muskelarbeit umgewandelt werden wie im Feinbrot, weil im Vollkornbrot der Verbrennungsregler in der entsprechenden Menge enthalten ist, während er im Feinbrot nahezu fehlt. So wird nicht nur der Schwer- und Schwerstarbeiter seine Arbeit leichter verrichten können, ohne zu ermüden, sondern es werden auch viele Unfälle vermieden, die heute weitgehend die Folge von Ermüdungserscheinungen sind, wobei zu betonen ist, daß Ermüdungserscheinungen überhaupt sind ja die Folge einer falschen Ernährung und hier vor allem einer vitaminarmen Ernährung, das Vollkornbrot jedoch ist vitaminreich. Das deutsche Volk wieder zu einer gesunden Ernährung zu erziehen, ist daher eine lohnende und erfolgversprechende Aufgabe.

Bäcker backen Vollkornbrot

Die Vollkornbrotaktion in Gelsenkirchen und Buer

In enger Zusammenarbeit mit der Deutschen Arbeitsfront und der Reichsgesundheitsführung hat das deutsche Bäckerhandwerk in allen Teilen des Reiches eine Aktion eingeleitet, die dazu dient, in den Volksschichten das außerordentlich ergiebige, nahrhafte und somit auch gesunde Vollkornbrot zum täglichen Nahrungsmittel werden zu lassen.

Im Anschluß an einen an der Reichsbäckerfachschule Bochum durchgeführten Lehrgang, an dem auch Vertreter des Bäckerhandwerks aus den Innungsbereichen Gelsenkirchen und Buer teilnahmen, soll nun die Vollkornbrotaktion auch in unserem Stadtgebiet auf breiter Basis vorangetragen werden, und zwar zunächst einmal dadurch, daß die Bäckereien selbst in zunehmendem Maße den Vollkornbrotladen nidmen. Zugleich damit Hand in Hand geht natürlich eine entsprechende Aufklärung in der Bevölkerung; denn es ist in der Tat in den weitesten Kreisen der Bevölkerung noch nicht hinreichend bekannt, daß das Vollkornbrot von allen Brotarten das gesündeste, dem Körper zuträglichste und für den Aufbau des Organismus bekömmlichste und wertvollste Brot ist. Dem heimischen Bäckerhandwerk bietet sich mit der begonnenen Vollkornbrotaktion eine neue ernährungswirtschaftliche Aufgabe dar, auf die gewiß die gesamte Bevölkerung sehr bald mit allgemeiner und größter Zustimmung reagieren wird. Neu und auch wieder nicht neu ist diese Aufgabe; denn Vollkornbrotbacken ist im Grunde genommen so alt wie das Brotbacken überhaupt!

Das Vollkornbrot

Von Oskar Tribius

Man sagt sehr oft, daß der Poet
Von diesen Dingen nichts versteht.
Schwertlilien, Mohn und Rittersporn,
Die kennt er wohl, allein das Korn?

Er lebt, so heißt's, in höheren Sphären,
Und ahnt vielleicht den Duft der Ähren.
Er kann zur Not auch Verse knacken,
Doch hat er jemals Brot gebacken?

Verzeiht, wenn ich hier unterbreche:
Der Backtrog und die Kuchenbleche
Sind zwar dem Dichter fremd, indessen
Er muß das Brot ja schließlich essen!

Daß er nur Tau zu trinken pflegt,
Gilt zweifelsfrei als widerlegt;
Und Nektar und Ambrosia!
Die taugt nur für die Götter da.

Das weiß der Dichter aus Erfahrung:
Er braucht die gesunde Nahrung,
Die biologische Substanz
Genau so wie den Lorbeerkranz.

Und außerdem: der Ähren Fülle,
Das Korn mit Kern und Keim und Hülle,
Kurzum, den ganzen Duft der Äcker
Besieht er nunmehr frisch vom Bäcker!

Er beißt hinein: die Lerchen singen,
Die Ähre rauscht, die Sensen klingen
Vom Morgen bis zum Abendrot . . .
Gesegnet sei das dunkle Brot!

tellage ein bißchen aufzubessern, wenn es auf die Karten nichts mehr gab.

Meine Mutti, die war in der glücklichen Lage, die konnte nähen. Da hat sie hier und da für den Bauern was genäht. Da bekam sie dann schon mal Mehl oder Speck, ein paar Kartoffeln. Beim Bauern Deppe in Polsum hat die Mutti viel genäht, ist auch dahin gefahren: Eine Hand wusch dann eben die andere, wie man so sagt.

Und wenn gar nichts mehr da war – da bin ich ganz ehrlich –, da haben wir auch «englisch» eingekauft, also geklaut.

Ich werd nie vergessen – die Polizei, die hat damals die Kartoffel-äcker bewacht.

In Polsum war das. Da sind wir hingegangen und haben gestohlen. Und auf einmal kommt die Polizei. Ein Polizist mit so einem großen Wachhund.

Und ich denk: «Mein Gott, jetzt sind wir verloren!»

Aber da sagte der: «Seid ruhig, seid ruhig! Macht meine beiden Säcke auch voll!»

Ja, der hatte zwei Säcke dabei und so einen Karren mit Gummirä-dern, aber keine richtige Gummibereifung, das gab's damals nicht, sondern um die Räder war ein Wasserschlauch gebunden.

Und der Polizist hat uns sogar nach Hause gebracht.

Da hatten wir fünf Zentner Kartoffeln im Keller, und er hatte seine zwei Sack.

Und er hat geschwiegen.

Ich wünschte, der Mann würde heute noch leben. Solche gab's auch bei der Polizei. Nicht nur Nazis.

Man mußte halt fürs Überleben sorgen, der eine wie der andere. Man hat geklaut, man ist zum Hamstern gefahren, obwohl das auch verboten war. Aber man brauchte dafür natürlich was zum Eintau-schen.

Ich weiß noch – da war eine Zeit, da gab's überhaupt nichts mehr zum Tauschen, und der Hennes – Hennes Bock hieß er, der war auf dem Hydrierwerk in Scholven am Arbeiten –, der Hennes sagte zu unserer Mamma:

«Mensch, Hedwig, wir machen was! Ich bring Süßstofftabletten mit, und du besorgst Schlaftabletten, die kriegst du doch, besorg mal!»

Und Süßstoff, das war damals schon eine Rarität. Das gab's nicht im-mer, obwohl Zucker auch keiner da war.

Nun hatte die Mutti so ein kleines Röhrchen mit Schlaftabletten irgendwo bekommen, und obendrauf wurde eine Süßstofftablette gelegt, die paßte da genau rein. Ich hab das wohl gesehen, die Mischung, aber verstanden, warum das alles, hab ich erst nicht.

Von außen wurde das Röhrchen abgebeizt, das Etikett wurde abgemacht, durfte ja nichts draufstehen, mußte aussehen wie so ein Röhrchen Süßstofftabletten.

Also wir sind damit losgefahren und rein ins erste Bauernhaus am Wege.

«Mensch», sagte die Bäuerin, «ihr kommt ja wie gerufen. Wir sind gerade am Rhabarber-Einmachen!»

Und unser Mamma sagt:

«Siehste, der liebe Gott weiß alles!»

Wir kriegen auch ordentlich ein Stück Speck und Eier und sonst noch jede Menge. Und sind wieder weg, die Straße lang zum nächsten Dorf.

Auf einmal kommt so eine dicke Frau auf einem Fahrrad hinter uns her, hinten hatte sie einen Plattfuß, so dick war die, und der Hintern hing halb auf dem Rücksitz, halb auf dem Gepäckträger. Das war die Bäuerin.

«Halunkenpack, Kommunistenpack!» war sie am Schimpfen. «Ich schick euch die Gendarmerie auf den Hals!»

Da sagt die Mutti:

«Was ist denn los? Nun beruhigen Sie sich doch mal!»

«Ja», sagt die Bäuerin, «ich hab den Süßstoff in den Rhabarber reingetan, und das sprudelt und sprudelt und sprudelt...»

Sagt die Mamma:

«Ja, um Gottes willen, was haben Sie denn da gemacht?! Sie müssen doch den Süßstoff auflösen und dann erst reinschütten.

Da können wir nun auch nichts dafür.

Da stellen Sie ein bißchen nach hinten den Topf, weg vom Feuer, das bekriegt sich schon wieder.»

Und dann ist sie wieder abgezockelt mit ihrem Fahrrad, die Bäuerin. Ob die nachher gut geschlafen haben, weiß ich nicht.

Ein anderes Mal sind wir Hamstern gefahren, da hat sich unser Mamma ein Kissen um den Bauch gebunden und dann den Rock darüber. Und als wir dann zum Bauern kamen, hat sie sich auf den Stuhl gesetzt und hat angefangen zu jammern.

«Ich kann schon gar nicht mehr, ich kann jeden Tag überkommen...» Na ja, und so weiter...

Sagte die Bäuerin:

«Mein Gott, mein Gott», und hat Mitleid bekommen, klar!

Und ein paar Minuten drauf die Mamma:

«Mein Mann ist noch in Rußland...»

Die konnte doch gar kein Kind kriegen dann. Und die Bauern dachten sicher, das ist so eine Herumtreiberin, die Mutti.

Und da war dann eine alte Frau, die sagte:

«Gev' ehr man en Stücksken Brot, dat se rutkommt, dat man wedder rutkommt!»

Und hat herumkrakeelt und hat was aus der Schublade geholt, etwas Brot, eine Speckschwarte...

Mammas Nachbarin, die war noch raffinierter, die hat dann wohl auch mal eine Wurstkammer losgemacht und ein paar Mettwürste geklaut, wenn die Bauern irgendwie am Feiern waren.

Und wenn du gefragt hast:

«Mutti, darf man das überhaupt...?»

Dann hast du – klatsch, klatsch! – ein paar Ohrfeigen bekommen und warst ruhig.

Also man hat schon was getan, damit man durchkam, auch mal was Ungesetzliches: Irgendwie eine Bäuerin aufgehalten auf dem Feld, beim Quatschen die eine, und die andere hat dann geklaut, da bin ich ganz ehrlich.

Und sonst hat man versucht, irgend etwas einzutauschen, da hat die Mutti ihr Liebstes abgegeben, zuletzt sogar Bettwäsche, da haben wir im Inlett nachher geschlafen. Das haben die Bauern denn auch genommen.

Das kam so weit, daß die Bauern sagten, wir brauchen nur noch 'ne goldene Kette am Kuhstall, wir brauchen nichts mehr. So überfüttert waren die.

Das war im Krieg so, und nach dem Krieg war es genauso.

Und mit dem wenigen wurde dann eben gekocht: Man nehme zwei Eier, wenn man sie hat, aber meist hatte man sie natürlich nicht.

Und wenn man dann unser Mamma manchmal gefragt hat:

«Mutti, was kochen wir denn heute?»

Dann hat sie gesagt:

Deutsche Hausfrau — Deutsche Mutter!

Die Küche ist das große Laboratorium der Gesundheit, die Stätte, in der mitentschieden wird, ob Sie und Ihre Familie, ob unser deutsches Volk kräftig und gesund genug ist, um täglich von neuem fähig zu sein, die Aufgaben der Zeit kraftvoll und würdig zu lösen.

Die größte und schönste Aufgabe, die das Leben Ihnen zu geben hat, ist die Gesunderhaltung und richtige Ernährung aller Ihrer Obhut und Fürsorge Anvertrauten.

Gesunde, deutsche Eintopfgerichte

Lauchgemüse mit Hirse und Kartoffeln.
Zutaten: 70 g Sonnenblumenöl, 1 Bund Porreestangen, ¼ Pfd. Hirse, 1 Pfd. Kartoffeln, etwas Frugola oder flüssige Neuformwürze. Für 3 Personen!
Zubereitung: Die Porreestangen werden sauber geputzt, in kleine Stücke geschnitten und recht oft gewaschen. In einen Topf gibt man das Neuform-MEA-Sonnenblumenöl, die warm gewaschene Hirse, die Porreestückchen, die klein geschnittenen Kartoffeln und 1 l Wasser. So gemischt läßt man die Speise ca. 30 Minuten auf dem Abstellteller dämpfen und würzt zum Schluß mit etwa Frugola, Selleriesalz, Kundalinisalz, Vitam-R, oder flüssiger Neuformwürze. Es schmeckt ausgezeichnet, ist billig und sehr nahrhaft.

Kürbisgemüse mit gedämpftem Grünkernschrot. Für 3 Personen!
Zutaten: ½ Pfd. Kürbis, ½ Pfd. Tomaten oder 2 Eßlöffel Tomatenmark, 2—3 große Zwiebeln, ½ Pfd. frische Pilze (Grünlinge) oder 15 g getrocknete Pilze, 2—3 Eßlöffel Grünkernschrot, 4 Eßlöffel Sonnenblumenöl, etwas Vitam-R, flüssige Neuformwürze oder Frugola zum Würzen. Eine rohe geriebene Kartoffel zum Binden.
Zubereitung: Der Kürbis wird geschält und in kleine Stücke geschnitten, desgleichen die Tomaten, Zwiebeln und Pilze. Werden getrocknete Pilze verwendet, müssen sie vorher in etwas Wasser eingeweicht werden. In einen flachen Topf gibt man das Öl hinein und legt als untere Schicht den Kürbis. Darauf kommen Tomaten, Pilze und Zwiebeln. Nun schließt man den Topf mit einem festen Deckel und dünstet das Gemüse in eigenem Saft ca. 25—30 Minuten bei kleiner Flamme. Zum Schluß nimmt man für die Menge 2—3 Eßlöffel Grünkernschrot und würzt mit den angegebenen Würzen.

Linsen und Suppengrün. Für 3 Personen!
Zutaten: ½ Pfd. Linsen, für 15 Pfg. Suppengrün, 60 g Neuform-MEA-Sonnenblumenöl, ¾ Pfd. Kartoffeln, etwas Frugola, Sellerie oder Kundalinisalz, flüssige Neuformwürze oder Vitam-R.
Zubereitung: Die Linsen werden mehrere Male warm gewaschen und über Nacht eingeweicht. Das Suppengrün wird sauber geputzt, gewaschen und auf der groben Raffel gerieben. In einen Topf gibt man ca. 60 g MEA-Sonnenblumenöl und das zerkleinerte Suppengrün hinein und dünstet etwas an. Nun schüttet man die Linsen mit dem Weichwasser und Kartoffelwürfel hinein und dünstet die Speise ca. 45 Minuten. Etwas Frugola,

Ihr Kochlöffel ist der fraulliche Marschallstab der jetzigen und kommenden Frauengeneration. — Werden Sie sich mit Stolz bewußt, daß Sie darin ein Zepter haben, dessen Besitz und Handhabung Ihnen niemand in der Welt streitig machen kann.

Sie haben damit auf die Erneuerung und Wiedererstarkung unseres deutschen Volkes einen größeren Einfluß als Sie ahnen!

«Das weiß ich selber noch nicht!»

Da wurde dann Wasser in einen Topf getan, ein paar dicke Zwiebeln rein, dann wurde so ein bißchen Grieß reingestreut – Maisgrieß, denn Grieß gab es ja gar nicht – und da so ein Schluck Öl, damit die Suppe auch nach etwas aussah.

Als Kind hast du lange Zähne gemacht, aber es hat geschmeckt.

Und wenn mal Gäste kamen – die Mutti war immer so gastfreundlich, nicht! –, da weiß ich noch einmal, da hatte sie noch so einen kleinen Rest Suppe, da sagte unser Mamma:

«Alla», sagte sie, «taufe Jesus am Jordan!»

Wenn ich da nicht geschaltet hätte, ich hätte was erleben können!

Wir hatten so eine Spülecke, und ich wußte genau, da muß jetzt Wasser in die Suppe. Und dann hab ich noch eine dicke Zwiebel reingerührt, ein bißchen Salz...

Und dabei hab ich immer geguckt, was die machten, die Gäste, daß die ja nichts merkten...

Und dann noch solche Mehlklunker mit rein, ohne Ei, ohne alles und auf den Tisch damit.

«Mein Gott», sagten die dann zu Mutti, «Hedwig, kannst du gut kochen! Du kannst wirklich von nichts was machen.»

Und die wurden alle satt.

Der Winter 1944, der war wohl besonders hart. Nichts zu essen und keine Kohlen. Es gab wohl Kohlen, aber nicht für uns. Nur für die Bergleute.

Wir haben die Kohlen geklaut. Unsere Mutter hat uns Kinder auf die Kohlenzüge, auf die Waggons hochgehoben, und dann haben wir die Kohlebrocken runtergeworfen. Mein Bruder hat die dann in ein Versteck gebracht. Da war ein Graben neben den Gleisen der Zechenbahn. Da haben wir die Kohle versteckt. Grasnarbe kam darauf. Und wir haben dann nach und nach die Brocken geholt und kleingehackt. So hatten wir Feuerung. Aber das war nicht genug.

Und so hat die Mutti immer Routinegänge gemacht, wo Holz war oder irgendwas Brennbares.

Und einmal, da kommt sie nach Hause und sagt:

«Alla, ihr könnt Kohlen holen! Bei ‹Reifen-Zappe›, das ist so ein Schuppen, da braucht ihr nur das Schloß losmachen, dann könnt ihr da rein.»

«Hast du denn da auch gefragt», sag ich.

Gas sparen heißt Waffen schmieden!

Die Hausfrau spart Gas zugunsten der Kriegswirtschaft / Wann wird am meisten Gas verbraucht?

Wenn die Hausfrau morgens den Gashahn aufdreht, ist es für sie selbstverständlich, daß ausströmt und die Flamme anzünden kann. Sie empfindet es wohl dankbar und anerkennend, daß das Gas zu einem so treuen, unentbehrlichen Helfer im Haushalt geworden ist; aber kaum wird sie daran denken, was es für ein weiter Weg vom Ausgangsprodukt Kohle bis zum gereinigten Stadtgas ist, und daß allein Zehntausende von Bergmännern die notwendigen Kohlenmengen für die Gasgewinnung zu Tage fördern.

Das Gas hat neben dem Haushalt immer mehr Einlaß in die Industrie und ins Gewerbe gefunden und hat heute einen entscheidenden Anteil an der Herstellung unserer Waffen. Für die kriegsentscheidenden Aufgaben der Rüstungsindustrie muß genügend Gas bereitgestellt sein, und je weniger Gas im Haushalt verwendet wird, um so mehr Waffen können hergestellt werden.

Wenn jede Hausfrau in jedem Monat einen Kubikmeter Gas spart, lassen sich dadurch in einem Jahr rund 300 000 Tonnen Kohle gewinnen, die für andere Zwecke verwendet werden können, oder überhaupt nicht erst gefördert zu werden brauchen.

Denn die Schwierigkeit bei der Gaserstellung ist in erster Linie in der Frage des Arbeitseinsatzes zu suchen. Die Kokereien erzeugen gleichmäßig Tag und Nacht die erforderliche Gasmenge, während der Gasbedarf der Verbraucher erheblichen Schwankungen unterworfen ist. Wann wird nun am Tage am meisten Gas verbraucht? Entsprechend dem überwiegenden Verbrauch des Haushalts ergibt sich zur Mittagszeit die höchste tägliche Abgabespitze, die von morgens 7 Uhr bis um 13 Uhr mit einigen Schwankungen anhält, zur Abendbrotzeit noch einmal ansteigt — um dann in den Nachtstunden ganz abzusinken.

Sonntags wird die Abgabespitze in den Vormittags- und Mittagsstunden noch überhöht, dafür kann die Hausfrau selbst die beste Erklärung geben: der Sonntagsbraten, der im Gasofen oder auf dem Gasherd schmurgelt, macht sich bemerkbar.

Verglichen zur ganzen Woche ist der Gasverbrauch am Sonnabend und Sonntag am geringsten. Ein Ergebnis, das die Hausfrau, der es immer wieder gesagt wird: „Spar Gas, und du hilfst siegen" — nicht nur zur Kenntnis nehmen sollte, sondern daraus ihre Rückschlüsse ziehen muß. Ist das z. B. mit dem Baden? Eine Frage, die zwar sehr persönlich zu klingen scheint, aber doch berechtigt ist. Nicht irgendwann und gerade dann, wenn wir Lust haben, dürfen wir den Gasbadeofen anzünden, sondern auf den Sonnabend oder Sonntag wollen wir unser Reinigungsbad verlegen auf eine Zeit, die an die Gaswerke keine so hohen Anforderungen stellt wie an einem anderen Wochentag.

Immer wieder muß sich die Hausfrau vor Augen führen, wie dringend notwendig ihre Mithilfe bei der vom Reichsminister Speer durchgeführten Energiesparaktion ist, besonders jetzt, wo es auf die kalten Monate zurückgeht. Mag es ihr auch unwesentlich erscheinen, ob sie nun gerade in ihrem Haushalt die Gasflamme kleinstellt, so ist es nicht mehr unter fließendem Warmwasser abwäscht, nicht mehr Wasser verwendet, als für die Zubereitung eines Getränkes oder eines Gerichtes erforderlich ist und einen Deckel auf den Topf legt.

Nicht um ihren Haushalt allein geht es, sondern um rund 12 Millionen Haushalte, die mit Gas versorgt werden. Spart 140 000 Besitzer von Wasserheizern — das wäre allein die Reichshauptstadt — nur monatlich 1 bis 1½ Kubikmeter Gas ein, so kann mit dieser Gasmenge der Gesamtbedarf eines größeren Industrieortes gedeckt werden. Und daß der Bedarf aller Rüstungswerke gedeckt wird, davon hängt die Menge und die Güte unserer Waffen ab.

Streichholz — wirklich eine Kleinigkeit?

1,6 Millionen Zündhölzer ist der tägliche Verbrauch Gelsenkirchens — Fünf Stück pro Kopf und Tag — 60 000 Mark jährlich „auf die hohen Kante"......

ek Wir fühlen uns immer wieder ein bißchen auf den Schlips getreten, wenn wir für Durchschnittsmenschen gehalten werden, haben uns aber längst damit abgefunden, daß wir in der statistischen Erfassung vom Säugling bis zum Greise „Durchschnittsmenschen" sind. Da wird festgestellt, wieviel Kraftwagen „auf den Kopf" der Bevölkerung kommen, wieviel Pfund Fleisch pro Jahr und Kopf in Deutschland verzehrt werden, und ganz summarisch stellt solch eine Statistik fest, daß jeder Mensch in Deutschland soundsoviel Zigaretten im Jahre raucht. Die Statistik kümmert sich den Teufel darum, wie alt die einzelnen Verbraucher sind, bei ihr raucht der i-Kröt genau so viel wie der gestrenge Herr Lehrer, und die Großmutter so wie der Enkel, der in seinem Feldpostpaketen zuerst nach dem Tabak sucht. . . .

Da finde ich in der Beschreibung eines neuen Kulturfilms die Feststellung, daß in Großdeutschland je Kopf und Tag nicht weniger als fünf Streichhölzer verbraucht werden. Diese Feststellung geht vom ganz Großen aus, auch hier wieder wird der stärkste Raucher mit dem Antinikotiner gleichgesetzt, und uns bleibt es überlassen, ein treffendes Bild von diesem Verbrauch zu machen. Man kommt schon zu einer ziemlich unvorstellbaren Zahl, wenn wir den täglichen Verbrauch Gelsenkirchens auf Grund dieser Angabe ermitteln: es sind immerhin 1,6 Millionen Zündhölzer, in der Tausendsteinsatz täglich den Weg aller Streichhölzer geben. Zu den tausend Feuern unserer Industrie, die unserer Stadt ihren überall bekannten Beinamen gegeben, kommen also noch mehr als eineinhalb Millionen Feuer, die so nebenher abgebrannt werden.

Jeder Zwölfte hat die Schachtel leer!

Ich könnte Sie, lieber Leser, jetzt fragen, ob Sie einmal gezählt haben, wieviel Streichhölzer eine kleine Streichholzschachtel enthält? Machen Sie sich keine Mühe, es sollen immer möglichst 60 Stück darin enthalten sein, aber auch ganze komplizierteste Maschinen verzählen sich schon einmal. Im Gelsenkirchen werden Tag für Tag 27 500 Streichholzschachteln verbraucht, — gewiß eine erstaunliche Zahl, die aber nicht einmal zu imponieren ist, wenn man sich vergegenwärtigt, daß nach unserer Rechnung erst jeder zwölfte Gelsenkirchener den Tag über eine leere Schachtel forträgt, um sie gegen eine neue volle zu vertauschen. Würden wir die täglich in unserer Stadt verbrauchten Streichholzschachteln in ihrer Länge aneinanderreihen, so könnten wir mit ihnen eine Seite der Vorderstraße der Bahnhofstraße damit belegen, und zwar vom Hauptbahnhof bis zum Hans-Sachs-Haus. Mit dem Jahresverbrauch an Streichholzschachteln kämen wir mit dieser Reihe — 501 Kilometer — bis weit über Berlin hinaus.

Zu astronomischen Zahlen aber kommen wir, wenn wir uns wieder dem einzelnen Zündholz zuwenden. 1,6 Millionen von ihnen werden täglich in Gelsenkirchen abgebrannt. Jedes von ihnen mißt nicht ganz 5 Zentimeter. Legen wir diese Streichhölzer der Reihe nach hintereinander, so erhalten wir eine Strecke, an der man mit einem Kraftwagen etwa eine Stunde lang entlang fahren kann. Die in einem Jahre in Gelsenkirchen verbrauchte Streichholzmenge würde eine Reihe von 32 800 Kilometer ergeben, — eine recht ansehnliche Strecke, finden Sie das nicht auch?

Das sind Sparmöglichkeiten!

Ein jeder von uns weiß, daß Holz ein sehr wertvoller Stoff für die berühmtesten Industrien Deutschlands ist, und daß auf dem Gebiete des Holzverbrauchs immer mehr Sparsamkeit getrieben wird, so hat auch schon seine Berechtigung. In Großdeutschland werden täglich nahezu eine Milliarde Streichholzschachteln verbraucht, und wenn nur ein Bruchteil von ihnen eingespart werden könnte, so würde das auf das Jahr umgerechnet eine riesige Holzmenge ausmachen. Jeder Deutsche benutzt täglich fünf Streichhölzer. Wenn wir uns bemühen, jeder von ihnen einen kleinen Einsatz zu unternehmen, so ergäbe bei einer täglichen Ersparnis von nur rund 200 Millionen Schachteln oder, da sie zu je 10 000 verpackt sind, glatt 20 000 Kisten.

Die entsprechenden Zahlen für Gelsenkirchen sind: bei der Einsparung eines einzigen Streichholzes je Tag und Kopf der Bevölkerung würden bei uns 5 500 Schachteln weniger verbraucht. Auf das Jahr umgerechnet sind das nicht weniger als 2 Millionen Schachteln oder 200 Kisten zu je 10 000 Schachteln. Möglich, daß diese einige wenigen Menschen garnicht interessiert, daß man ihnen schon mit Geld kommen muß, wenn ihnen das Sparen als lohnend erweisen soll. Um bei den runden Zahlen zu bleiben, nehmen wir an, daß die Schachtel Streichhölzer uns für drei Pfennig verkauft wird. Wenn wir in Gelsenkirchen unseren Streichholzverbrauch um ein Fünftel einschränken, sparen wir täglich etwa 165 Mark oder im ganzen Jahre also schon eine Nichtigkeit, die etwa 60 000 Mark! Daß also schon eine Kleinigkeit, genau besagt, daß man beim Streichholz anfangen soll, wenn man zu Geld kommen will.

Sicherlich gibt's auch Interessenten, die wissen wollen, in welchem Maße jeder einzelne an solch einer Einsparungsaktion beteiligt wäre. Leicht mit dem

«Ja, sicher», sagt sie, «ich hab mit dem Herrn Zappe selber gesprochen.» Dabei wußte ich, der ist überhaupt nicht da, der Herr Zappe, der war weg, abgehauen. Ob der Angst hatte? Wahrscheinlich.

Also wir mit dem Kinderwagen dahin. Und ab mit den Kohlen. Vier Eimer gingen da rein. Und nach Hause und dann nach oben getragen, die Kohlen, auf den Balkon.

Und ich fragte:

«Mamma, warum bringen wir die Kohlen nicht in den Keller?»

Da sagte sie:

«Halt die Klappe!»

Es durfte doch keiner wissen, daß wir Kohlen hatten. War ja auch bequem für uns: Wir brauchten die ja nur so wegholen und in die Küche bringen.

Das Schönste war, wir wohnten bei dem Willi Eppmann. Der hat immer gesagt:

«Ihr wohnt in einem sauberen Haus, mein Haus ist das sauberste Haus von Gelsenkirchen-Buer.»

Wenn der gewußt hätte, daß wir Kohlen auf dem Balkon hatten...

Das war natürlich alles verboten. Auf Kohlenklau stand die Todesstrafe, auch wenn man Kleiderkarten klaute oder schwarz schlachtete. Da wären wir auch bestraft worden, wegen Schwarzschlachtung.

Bei uns in der Nähe, da war ein Russenlager, und Polen waren auch da. Das war so abgeteilt. Auf jeden Fall haben die auch wohl gewußt, daß unsere Mutti nähen tat.

Auf einmal nachts, da bollerte es gegen die Tür.

«Aufmachen!» – auf polnisch natürlich.

«Aufmachen!!»

Und die Mutti macht die Tür los. Und da steht einer dieser Zwangsarbeiter mit einem halben Rind auf dem Rücken.

Das hatten die irgendwo auf einem Feld abgestochen.

Ich wurde sofort ins Bett gejagt und mein Bruder Anton auch.

Die Mutti rief dann gleich eine Bekannte, die konnte Polnisch und auch Russisch. Und dann haben die nachts gebraten und gekocht und nachher das Fleisch im Keller vergraben. Darüber kam dann wieder Erde und Steine – wir hatten nichts.

Aber einer muß das wohl gesehen haben von den Nachbarn, die Frau Partam, das war so eine Neugierige.

Und da stehen wir so, und da kommt die Rede auch aufs Hungern, und da sage ich:

«Ich möchte auch mal so ein Kotelett essen.»

Wie man das so sagt. Und da sagt sie:

«Ihr habt doch!»

Und hat ihre Nase immer so mit dem Finger gerieben. Da sag ich:

«Ja, wo haben wir denn?»

«Das schleppen sie doch bei euch rein», sagt sie, «ihr habt doch alles, Kotelett und alles.»

Und ich wieder:

«Wirklich, wir haben gar nichts.»

Ich wußte doch richtig nicht, was da los war.

Na ja, unsere Mamma mußte dann für die Ausländer schwarze Hemden nähen – vielleicht wollten die abhauen, ich weiß nicht.

Ich muß sagen, man hat damals so geschimpft auf unsere sogenannten Feinde, aber als wir ausgebombt waren, da haben die uns geholfen zu retten, was noch zu retten war.

Ich habe heute noch meine goldene Uhr von der Kommunion, die hat ein Russe unserer Mamma wiedergegeben.

Und die Russen, die wurden hier schlecht ernährt in Deutschland, schlechter als Tiere manchmal. Die haben bei uns die Kartoffelschalen gegessen. Und von den Brotkrusten hat Mutti denen Brotsuppe gekocht: Wasser in einem Topf und Brot. Und dann hatten wir einen Birnbaum: Da hatte die Mutti getrocknete Birnenringe. Die kamen da rein, ein bißchen Essig, und es mußte Milch rein, richtige Milch – zwanzig Tropfen. Magermilch war das einzige, was es gab.

Du kriegtest nur einen halben Liter in drei Tagen für Säuglinge. Wir hatten damals ein Kind, das war 1941 geboren. Und eins ist 1943 geboren.

Wenn der Papa von Rußland kam, hat er immer ein Kind dagelassen. 1941 ging es noch, unser Lothar wurde noch so einigermaßen, aber unser Gisbert... 1943 – das war furchtbar: Eine Kartoffel ins Wasser gerieben, und das Kind hat das gegessen. Ist auch 'n richtiger Junge geworden, da gab's kein «Alete» oder so was...

Ja, es war nicht leicht. Und trotzdem. Wir haben immer gesagt: trotzdem! Trotzdem sind wir mal fröhlich gewesen. Ja, man ist mal fröhlich gewesen trotz Krieg. Und wir haben auch gefeiert, wenn es mal was zum Feiern gab.

Für Weihnachten und so, da wurde vorher nach und nach so ein bißchen gespart von den Lebensmitteln, die man hatte.

Das Weihnachtsfest werde ich nie vergessen.

1000 Gramm Weihnachtsfreude

Was der Soldat wirklich haben will / Ein paar Ratschläge für Frauen und Mütter

Sechste Kriegsweihnacht! Schon seit Wochen grübeln die alterfahrenen Feldpostpäckchen-Absender und vor allem Absenderinnen an diesem Datum. Sie haben geplant und mancherlei vorbereitet und müssen sich nun darauf einstellen, daß jeder Soldat zwei Zulassungsmarken zu je 500 Gramm bekommt und daß die Päckchen bis spätestens 30. November bei der Post aufgeliefert sein müssen.

1000 Gramm Weihnachtsfreude — das ist nicht allzu viel, wenn man bedenkt, daß wohl in den meisten Fällen sich zwei Parteien darin teilen müssen. Denn natürlich wollen die Eltern ebenso gern ihrem Sohn etwas schicken wie seine Frau und die Kinder oder wie die Braut. Und man sollte es Freunden oder gar der noch nicht legalisierten Freundin ein Plätzchen im Weihnachtspaket einräumen, damit ihre Beweise des Gedenkens nicht umsonst gestrickt oder gekauft worden, sind vor allem der Empfänger nicht enttäuscht ist.

Wer jetzt zum sechsten Male ein Weihnachtspäckchen ins Feld schickt und zwischendurch so viele Päckchen der Post anvertraut hat, dem braucht man kaum zu sagen, was er hineintun soll. Er hat in den langen Jahren des Krieges seine Erfahrungen gemacht mit Kuchen, die bei monatelangen Irrfahrten hinter der kämpfenden Truppe steinhart wurden oder in pulverisiertem Zustand ankamen, mit faul gewordenen Äpfeln oder verschimmelten Räucherstunden. Es fand in solchen Fällen immer wieder die Ermahnung der Feldpost bestätigt, daß verderbliche Nahrungsmittel nicht der langen Reise an die Front ausgesetzt werden sollen.

Die Waage entscheidet

Im übrigen sind die Altroutinierten ja mit allen Wassern gewaschen. Wie einst für Luftpostbriefe nach Übersee das dünnste Papier verwendet wurde, um das Gewicht niedrig zu halten, so treffen auch sie mit ständiger Hilfe der Briefwaage ihre Disposition. Sie backen Kekse, die zart wie ein Schaum sind, und deren Gewicht nicht beschwert, wie es z. B. Pfefferkuchen tun.

Trotzdem: bei der Frage, 500 Gramm zweckmäßig aufzuteilen, dürfte hier und da doch ein guter Rat angebracht und willkommen sein. Mit Zigaretten, Rasierklingen und Pulswärmern braucht das Repertoire keineswegs erschöpft zu sein. Auch die kleinen Bändchen mit heiteren und ernsten Erzählungen, die in so reicher Auswahl vorliegen, und in keinem Päckchen fehlen sollten, sind zwar sehr willkommen, zeugen aber bestimmt nicht von einem Übermaß von Phantasie.

Die wasserdichte Brieftasche

Was will der Soldat nun aber wirklich haben? Ein paar Landser, die von Anfang an dabei sind, die sibirische Kälte und tropische Hitze erlebten und auf endlosen Märschen durch Regen und Sonne die Freuden der Zivilisation lange entbehren mußten, waren nicht um eine Antwort verlegen. Was ihnen am meisten fehlte — im Sommer wie im Winter — war eine wasserdichte Brieftasche. Immer mußte irgendein Notbehelf dazu herhalten, die wichtigsten Papiere und die kostbaren Briefe und Bilder von daheim vor Nässe zu schützen. Ein Stück alter Gummimantel, der Überreste eines Zelthaut oder Segeltuch lassen sich vielleicht auftreiben, und das gewünschte Utensil daraus herstellen. Ob genäht oder geklebt werden muß, entscheidet das Material. Wem die Geschick-

lichkeit nicht das Geschenk der Grazien in die Wiege gelegt wurde, der beschränkt sich vielleicht darauf, einen einfachen wasserdichten Beutel zu schneiden, der den gleichen Zweck erfüllt. Ein Beutel für Waschzeug — besonders wenn auch etwas von der Pflege der männlichen Schönheit darin enthalten ist — erfreut überhaupt jedes Landserherz. Ein Stück schwimmende Seife — leicht im Gewicht — vielleicht eine Zahnbürste und dann: Haarwaschpulver. Wer in der heutigen Zeit wohl eine Vorstellung davon, wie sehr es den Landser manchmal danach lüstet, seinen Kopf in eine Waschschüssel zu stecken und den Schmutz und Staub der Landstraßen und Unterstände auf eine wohlriechende schäumende Weise zu entfernen!

Zur Ablenkung und Entspannung

Die immer wieder einmal notwendigen Ergänzungen an Pulswärmern, Socken, Handschuhen, Taschentüchern müssen — im wahren Sinne des Wortes — wohl abgewogen sein, um keine zu große Belastung zu bilden. Besonders die Mütter überschätzen meist in ihrer Freude am Stricken, die überall doch noch ein Wollknäuel aufstöbert, den Wert der nützlichen Dinge im Gegensatz zu den überflüssigen. Was heißt überhaupt für den Landser überflüssig? Wir werden ihm weder einen Untersatz für die Kaffeekanne schicken noch einen Aschenbecher, ebensowenig Manschettenknöpfe wie Buchstützen. Aber Spiele braucht er, um sich Freizeiten zu vertreiben oder Stunden des Wartens, in denen ihn die Müdigkeit nicht übermannen darf. Es lohnt sich deshalb, einmal irgendwo anzustehen, wo es Spielkarten gibt, es lohnt sich auch, einem Ladeninhaber schöne Augen und beschwörende Worte zu geben, um ihn vielleicht zur Herausgabe eines zweiten Spieles zu bewegen. Sind auch die Schachfiguren oder die Damesteine nur aus Pappe sie erfüllen doch ihren Zweck, für kürzere oder längere Zeit Ablenkung und Entspannung zu spenden. Es ist erfreulich festzustellen, daß seit Kriegsbeginn die Phantasie immer neue Spiele erdachte: Kurzweilige und komplizierte, aufregende und solche, bei denen man nachdenken muß. Sie alle bereiten Freude und Zeitvertreib. Dem gleichen Zweck dienen die Feldpostbändchen, die die Regale der Buchhandlungen füllen. Aus Klassik und modernem Schrifttum wurde mit Geschick alles herausgesucht, was den verschiedenen Geistern und Gemütern gerecht werden kann.

Nicht das Was, das Wie ist entscheidend

Und in das Büchlein hinein kann man ein Lesezeichen legen. Es muß nicht unbedingt ein gekauftes sein, man kann es auch selbst herstellen. Das ist vor allem etwas für die Kinder als Gruß für den kleinen Vater. Um noch einen besonderen Tip zu geben: wie wäre es, wenn oben auf dem Lesezeichen ein Bild wäre? Ein Bildchen von der Braut, von der Frau oder vom Jüngsten, das wäre mal etwas anderes und darum besonders erfreulich.

Die Tage der Vorbereitens vergehen rasch, bald ist es höchste Zeit, das Paket einzupacken. Vielleicht findet sich noch ein weihnachtlicher Bogen, in den man die einzelnen Gaben einwickeln kann, und obendrauf kommt ein Tannenzweig als bescheidener Ersatz für den lichterstrahlenden Tannenbaum. Ungleich an Größe und Inhalt sind die Päckchen auf die Reise. Sendboten der Heimat, die mit ihren sorgenden Gedanken immer bei denen draußen ist. Aber besonders an dem Tage, dem ihr 1000-Gramm-Päckchen gilt.   H. H.

Die Mutti war beim Bauern gewesen. Und hatte auch was bekommen. Da kommt sie nach Hause, völlig fertig und sagt:

«Alla, ich kann nicht mehr! Backst du wohl Plätzchen!?»

Da stand dann so ein Beutel Mehl, aber kein Ei. Jetzt mach mal Plätzchen!

Also! Ein bißchen Süßstoff dran, ein bißchen Salz, Fett, so ein paar Tröpfchen Öl – auf jeden Fall, es gab wunderbares Spritzgebäck. Ja, und dann stand der fertige Teig da. Auf einmal ist der Ofen aus. Wir hatten ja früher keinen Gasherd oder so was, sondern einen Ofen.

Was sollten wir machen?

Mein Bruder Anton geht in den Keller und holt Benzin rauf, das hatte der Vater besorgt gehabt. Und anstatt der Blödmann ein bißchen davon auf die Kohlen tut, macht der den Deckel los und schüttet das von oben rein.

Bruch! ging das.

Der ganze Teig war schwarz. Und unser Papas Unterhose, da waren schon fünfzig Stopfen dran, die war verbrannt, da waren die Beine ab. War seine letzte Unterhose und hatte zum Trocknen überm Ofen gehangen. Der Vati, der war in Urlaub da.

Und dann kommt mein Vati – ich hab den nie einmal nackend gesehen, das gab's früher nicht! –, da kommt der mit so einem Dreiviertel-Schwenker raus aus dem Schlafzimmer, und sein Geläut ist zu sehen, und – klatsch, klatsch! – krieg ich eine geschmiert.

Aber der Ofen hat gebrannt, und alle gingen wieder ins Bett.

«Mann, Töne» – zum Anton hab ich «Töne» gesagt – «was sollen wir machen? Das Schwarze geht nicht runter vom Teig. Ach, Scheiße, ich menge das einfach durch, dann kriegen sie eben braune Plätzchen!» Und die haben gefuttert, hat keiner was gesagt.

Nur am anderen Morgen: Die ganze Bude war schwarz, die Bettbezüge, die Mutti hatte schon alles so schön gehabt...

Auf einmal bringt die den kleinen, den Gisbert, ich war so traurig, der war ganz schwarz, hatte nur noch rote Lippen. Das war aber noch nicht alles von Weihnachten.

Mein Bruder Josef war auch in Urlaub gewesen, der war Matrose. Und der wollte sich nun einen kümmeln, also auf deutsch gesagt, wollte der eine Fete feiern. Da nimmt der den Lothar auf den Arm, der war drei Jahre damals, und versucht ihn zu bereden:

«So, sag mal Lothar, wo hat der Papa denn den Schnaps versteckt?»

Da sagt der:

«I weiß, aber sag nit!»

Aber dann sagte er doch: Da hatte unser Vati den Schnaps an 'ner Kordel festgemacht und in die Kartoffelkiste gehängt, damit ihm den keiner wegnahm. Vati wollte das eintauschen für uns, damit wir was zu essen hatten.

Jetzt war das brauner Schnaps, zum Glück. Und die also davon gepichelt, der Josef und seine Freunde, und dann so einen Filter genommen und Kaffeebrühe da rein und wieder aufgeschüttet.

Ja, unser Vater ist dann damit losgezogen, nach Schlecking, zu so einer Molkerei, nach Marl runter, und gibt den Schnaps da ab.

Der Vati erzählte das später:

«Ich hab die Spritleichen dasitzen sehen. ‹Mensch›, dachte ich, ‹kommst du gerade richtig.› ‹Mensch, gib den Schnaps›, rufen die, ‹kannste Butter kriegen. Sauf auch einen mit!› – ‹Ne!› sag ich, ‹ich mag das Teufelszeug nicht!› Und geh.

Und als ich das nächste Mal hinkomme, da haben die mich so komisch angeguckt, die sind wohl nicht richtig schicker geworden...!»

Ja, so wurde der Schnaps von der Marketenderware eingetauscht, auch ab und zu mal etwas Bohnenkaffee, den hatten wir von Tiemann, von dem Lebensmittelgeschäft Tiemann in Buer. Da waren wir ganz weitläufig mit verwandt.

Mein Vati wollte mal wieder über Land und Schnaps unter die Leute bringen, daß wir was zu essen hatten.

Sagt er zu mir:

«Alla, ich leg den Kaffee hinter das Bein vom Kleiderschrank!»

Keiner wußte das.

«Mann», sagt unser Mamma, als er weg war, «wenn ich mal so ein paar Krümel Kaffee hätte, jedenfalls für ein Täßchen...»

Dreizehn Bohnen – das gibt eine Tasse Kaffee. Da sag ich:

«Ich weiß, wo Kaffee ist.»

Da sagt sie:

«Wo?»

Da sag ich:

«Ich hol runter von Papa!»

Jetzt habe ich aber nicht dreizehn Bohnen, sondern neununddreißig Bohnen für drei Tassen Kaffee geholt, für drei Tage hintereinander. Dann, als er wiederkommt, will der Papa den Kaffee holen und nimmt die Tüte in die Hand und sagt:

«Hier war doch einer am Kaffee!»

Unser Mamma hatte die Tüte nicht von oben losgemacht, sondern
von unten, schön über Wasserdampf.

Da sagte unser Mamma:

«Ja, das ist das ja! Du legst den Kaffee an den Kamin! Das trocknet
doch ein!»

Und Vati hin zu Tiemanns Lebensmittelgeschäft nach Buer, zu
Tante Tina. Da sagt er:

«Du, hör mal, wieg mal den Kaffee ab!»

Da sagt sie:

«Das sind 58 Gramm, müßte doch ein Achtel sein.»

«Da guck mal, das Paket ist doch ganz zu. Das habe ich nun wirklich
nicht richtig gekriegt!»

«Entschuldige, Jupp, wenn du das nicht wärst, dann würde ich das
nicht glauben!»

Und Papa kriegte seinen Kaffee.

So hat man gelebt. Ein paar Böhnchen Kaffee, mal ein Stückchen
Speck, ein paar Gramm Mehl. So haben wir gelebt. Von einem Tag auf
den anderen. Und was man hatte, das wurde immer brüderlich geteilt.
Da war schon ein gewisser Zusammenhalt in unserer Siedlung, wo wir
gewohnt haben. Da hat einer dem anderen gegeben.

Auch Kleidung. Das wurde immer weiter gegeben. Der Karin paßte
das nicht mehr, dann kriegte das die Irene, und von Irenchen ging es

weiter zu Ursula. Da hat keiner gesagt, die trägt mein Kleid. Da waren natürlich nicht alle so. Ein paar waren auch in der Partei. Ich kann mich noch an eine Geschichte erinnern:

Da sollte es Kerzen geben bei dem Kaspar. Der war bei der Partei in Hassel ein ganz hohes Tier. Ich war mitgegangen. Und da sollte jeder Kerzen bekommen. Und die Mutti steht da so, und vor ihr bekommt eine Frau vier Kerzen.

Da sagt die Mutti:

«Ja, Sie haben da ja nur noch drei Stück, wenn ich jetzt dran bin, dann krieg ich ja keine Kerzen mehr. Warum muß die Frau denn vier Kerzen bekommen, ich kann doch wenigstens eine bekommen!»

Da sagte der Kaspar:

«Hoffentlich sind Sie bald ruhig! Sonst kommen Sie dahin, wo Sie ewig Licht haben!»

Also eine ganz massive Drohung. Und der Herr Krafft, das war sein Stellvertreter, der bestätigte das dann noch.

Jetzt kommen wir also wieder raus – ohne Kerzen, klar! –, und hinter der Tür war ein Vorhang, und hinter dem Vorhang stehen alles so Kisten.

Ich krieg einen Puff, unser Mutti packt zu, ich mußte nur die Matratze vom Kinderwagen hochheben, den hatten wir mit, zwei Pakete drunter – da hatten wir Kerzen!

Nicht, die hatten wir gestohlen. So mußte man sich helfen. Und unser Mamma hat schon geguckt, daß sie zu was kam. Auf welche Weise auch immer.

Ich weiß nur – unser Mamma hatte keine Angst, später sowieso nicht mehr, da war alles egal.

Wir wollten überleben – das war eigentlich alles!

Ein
Propagandafilm

Schauspielerinnen wie
Gisela Schlüter und Bri-
gitte Mira wirkten in
zahlreichen Propagan-
dafilmen mit, die die
Frauen an der «Heimat-
front» aktivieren sollten,
«am Kochtopf» mitzu-
helfen, «den Krieg zu ge-
winnen». Diese Filme von
ein bis fünf Minuten Län-
ge wurden in Kinos ge-
zeigt und wurden meist
vor die Wochenschau ge-
koppelt.

Ein Berliner Café. Gisela (Gisela Schlüter) gelingt es erst nach mehreren Anläufen durch die Drehtür in das Café zu gelangen. Sie wirkt gehetzt und ist völlig außer Atem.

Sie setzt sich zu ihrer Freundin (Felicitas Barring) an den Tisch.

Gisela: (schnattert)
Ach, meine Liebe, entschuldige vielmals mein Zuspätkommen, aber ich bin wie durch den Wolf gezogen, wie aus dem Wasser gedreht.

Eine Serviererin tritt an den Tisch, schaut Gisela fragend an.

Gisela:
Was wollte ich? Ach so, ja, Kaffee!

Die Serviererin geht kopfschüttelnd. Gisela beginnt wieder auf ihre Freundin einzureden.

Gisela:
Stell dir vor, da hab, da bin ich heute morgen angestanden, vier Stunden nach einer lächerlichen Karte fürs Cabaret.

Meinst du, ich habe bekommen, was ich wollte? Mitnichten, mitnichten! Vierzehnte Reihe habe ich bekommen, und erste habe ich haben wollen. Daß die Leute einem alles vor der Nase wegkaufen müssen...!

Felicitas:
Ja, warum mußt du denn unbedingt in der ersten Reihe sitzen?

Gisela richtet sich empört in ihrem Stuhl auf.

Gisela:
Mein Reinlichkeitsbedürfnis zwingt mich dazu!

Felicitas: (erstaunt)
Dein Reinlichkeitsbedürfnis?

Gisela:
Also hör zu!

In diesem Cabaret tritt nämlich ein Zauberkünstler auf. Und der bringt es fertig, eins, zwei, drei, schmutzige Taschentücher aus einer leeren Waschmittelschachtel glänzend weiß hervorzuzaubern. Das wollte ich mir unbedingt ansehen, wo ich doch so knapp an Waschpulver bin.

Felicitas:
Ja, mit Zaubern ist das nicht gemacht. Man muß eben lernen, mit den Waschmitteln gut hauszuhalten.

Gisela:
Haushalten! Ich versteh immer haushalten!

Trag du mal 'ne Bluse, die nicht ganz einwandfrei ist. Man verkommt ja direkt dabei. Mein Mann ist da – Gott sei Dank! –

Felicitas schaut sie ernst an.

nicht so etepetete, der trägt sein Oberhemd 'ne volle Woche lang. Und meine Küchenwäsche, die hab ich doppelt so lang in Gebrauch. Aber wie die Sachen aussehen? Frag mich nicht, frag mich nicht! Das ist keine Freude für mich, mit dem bißchen Waschpulver heutzutage überhaupt auszukommen.

Felicitas:
Ja, nicht nur keine für dich, sondern für alle.

Denn in dem starken Verschmutzen der Wäsche liegen nur Nachteile: Doppelt schmutzige Wäsche braucht nicht doppelt so viel, sondern dreimal soviel Seife, weil der Schmutz so tief ins Gewebe eingedrungen ist.

Endiviensalat — gekocht und gedämpft
Eine gesunde Bereicherung des Mittagstisches

Als der Alte Fritz die Kartoffel einführte, mußte er geradezu Zwang anwenden, um dem konservativen Preußenvolk dieses heute neben dem Brot wichtigste Volksnahrungsmittel „beizubringen". Als auf unseren Märkten nach der Jahrhundertwende die ersten Tomaten auftauchten, blieben sie viele Jahre lang unbeachtet, während wir heute gar nicht genug davon kriegen können. Aehnlich geht es nun dem Endiviensalat, den die allermeisten Hausfrauen nur als Rohsalat und dann auch nur in dem üblichen Allerweltrezept kennen. Zur Zeit kommt besonders viel Endiviensalat auf den Markt. Wir können natürlich diesen Salat nicht verkommen lassen. Das ist auch gar nicht nötig; denn Endiviensalat ist von einer erstaunlichen Vielseitigkeit in der Verwendungsmöglichkeit. Er kann nämlich nicht nur roh, sondern auch gedämpft oder gekocht (wie Spinat!) gegessen werden. Unseren Hausfrauen mögen zur Bereicherung des Mittagstisches durch Endiviensalat folgende erprobten Rezepte dienen.

Eifeler Eintopf

1½ Klgr. Kartoffeln, 40 Gr. Fett, Zwiebeln oder Lauch (Porree), ½ Liter saure Milch oder Buttermilch, Salz, 1 bis 2 Köpfe Endiviensalat, etwas Essig. Kartoffeln mit wenig Wasser garkochen, stampfen; die heiße Milch und die in Fett gedünsteten Zwiebelwürfel dazugeben, alles verschlagen. Zuletzt den feingeschnittenen Endiviensalat darunter geben und sofort anrichten.

Endiviensalat-Eintopf

40 Gr. Fett, 1 Zwiebel, 3 bis 4 Köpfe Endiviensalat, 1½ Klgr. Kartoffeln, Wasser, Salz, etwas Suppenwürze, Kräuter (Bohnenkraut, Liebstöckel). Fett und Zwiebeln andünsten, den geputzten, gewaschenen und geschnittenen Endiviensalat dazugeben, durchdünsten lassen; etwas Wasser auffüllen, Kartoffelwürfel dazugeben. Nach dem Garkochen mit den Gewürzen abschmecken.

Endiviensalat als Spinat gekocht

3 bis 4 Köpfe Endiviensalat, 30 Gr. Fett, 50 Gr. Mehl, 1 Zwiebel, ¼ bis ½ Liter Milch, Salz, Kräuter (Basilikum, Liebstöckel, Rosmarin). Den Endiviensalat verlesen, in viel Wasser waschen, zwei- bis dreimal durchschneiden, mit einer Tasse Wasser dämpfen. Aus Fett und Mehl, Zwiebeln, Milch eine helle Mehlschwitze herstellen, den feingehackten Endiviensalat hineingeben, mit Salz und Kräutern abschmecken.

Endiviensalat in holländischer Tunke

3 bis 4 Köpfe Endiviensalat, 30 Gr. Fett, 50 Gr. Mehl, 1 Zwiebel, ¼ bis ½ Liter Milch, etwas Suppenwürze. Den Endiviensalat verlesen, in viel Wasser waschen, zwei- bis dreimal durchschneiden, mit einer Tasse Wasser dämpfen. Aus den übrigen Zutaten eine helle Mehlschwitze herstellen, gut abschmecken und den gegarten Endiviensalat hinzugeben. Als Beigabe Pellkartoffeln.

Endiviensalat gedünstet

3 bis 4 Köpfe Endiviensalat, 30 Gr. Fett, 1 Zwiebel, etwas Milch, Salz, Endiviensalat waschen, schneiden, in Fett und Zwiebel mit etwas Wasser dünsten, mit Salz abschmecken, etwas Milch dazugeben.

*

Römerkohl — genau wie Wirsing

Auf den hiesigen Gemüsemärkten und in den Gemüsegeschäften findet die Hausfrau zur Zeit in größerem Umfange den sogenannten Römerkohl vor, der bisher in Deutschland noch nicht so bekannt war wie in verschiedenen Nachbarländern. Vielfach wissen daher unsere Hausfrauen auch nicht, was sie mit dem Römerkohl anfangen sollen. Auf eine entsprechende Frage unserer Hausfrauen gibt es eine sehr einfache Antwort: Der Römerkohl ist nämlich ganz genau so zu behandeln wie Wirsing.

Gisela blickt skeptisch, das mag
sie nicht glauben.

Felicitas:
Du, das hab ich selber auspro-
biert. Am besten ist es, wenn man
seine Wäsche häufig wechselt.
Gisela: (aufgebracht)
Häufig wechselt, häufig wechselt!
Du sprichst manchmal wie ein
Kind, sprichst du manchmal. Ist
doch ganz sinnlos! Ist wirklich ein
albernes Gezwitscher, was du mir
heute vorsingst!

Felicitas lacht über die Aufgeregt-
heit ihrer Freundin.

Felicitas:
Wieso denn?
Gisela:
Da weiß man doch überhaupt
nicht mehr, woran man ist. Auf
der einen Seite soll man die Wäsche nicht verschmutzen, auf der

Gisela stößt Felicitas burschikos
in die Rippen und lacht albern.

anderen Seite soll man die Wäsche
häufig wechseln. Da ist es schon
am besten, wir laufen alle nackt
herum. Stell dir das mal vor!

Felicitas:
Ja, wenn man's übertreibt, ist alles
falsch.
    Wäsche sparen ist das Motto der
Zeit. Unnötiger Aufwand an Wäsche muß heute natürlich unter-
bleiben. Und die vermeidbaren
Wäscheverschmutzungen müssen
auch wirklich vermieden werden.
Gisela: (trocken)
Aha! Da kann ich dir geistig nicht
folgen. Das ist mir zu hoch!
Felicitas:
Aber Gisela, das ist doch ganz einfach.
Wenn die Wäsche sehr schmutzig
geworden ist, muß man sie beim
Waschen stark reiben, um sie sauber zu bekommen. Und dadurch
entstehen meist Wäscheschäden.
Außerdem braucht man zur Reinigung viel mehr Seife, um den
tief in das Gewebe eingedrunge-
nen Schmutz richtig herauszuho-
len. Ist aber die Wäsche nur leicht
angeschmutzt, dann sitzt der
Schmutz mehr oder weniger nur
an der Oberfläche und läßt sich
dadurch   leichter   entfernen.
Leuchtet dir das nicht ein?
Gisela:
Natürlich! Natürlich! Ich bin
doch nicht schwer von Kapee.
Weniger schmutzige Wäsche, weniger Seife. Danke schön!
Ist doch ganz klar! Ich weiß gar
nicht, was du willst?

Die Serviererin bringt eine Tasse
Kaffee, stellt sie vor Gisela hin.
    Sie geht wieder.

Felicitas schaut Giselas Bluse an.

Gisela blickt verwirrt an sich herunter, dann versteht sie.

Felicitas gibt der Serviererin ein Zeichen.

Felicitas steht auf.

Felicitas:
Na, siehst du, da sind wir uns wieder einig. Wir sparen da, wo es am Platz ist.

Es braucht ja zum Beispiel nicht immer eine weiße Bluse zu sein.

Gisela:
Stimmt, du, lila kleidet mich auch sehr gut.

Felicitas:
Fräulein, bitte zahlen!
Gisela:
Was heißt: Fräulein, bitte zahlen? Willst du schon gehen?

Felicitas:
Ja. Ich habe durch dein Zuspätkommen schon so viel Zeit ver-
säumt...
     Ich muß noch schnell ins Sei-
fengeschäft, meine Zuteilung holen.

Gisela:
Was? Mitten im Monat hast du
noch Seifenabschnitte?
     Ich habe schon lange keine
mehr.

Felicitas:
Jaaa! Du mußt eben besser wirt-
schaften lernen, Gisela!

Felicitas geht. Gisela blickt in die
Kamera.

Gisela:
Bei mir wird nicht mehr an der
verkehrten Stelle gespart. Wäsche
häufiger wechseln heißt Wäsche
schonen und Waschmittel sparen.

Adelheid hat Supp' gekocht /
die ganze Woch' /
auf einem Knoch' /

Die drei Frauen, mit denen das folgende Gespräch geführt wurde, verbindet eine gemeinsame Mitgliedschaft in der antifaschistischen VVN.

Elisabeth Bude, wurde 1914 als Tochter eines Bergmanns geboren.

Ihren Mann lernt sie in der Jugendbewegung kennen. Der Mann wird kurz nach der Hochzeit verhaftet und des Hochverrats angeklagt. Später wird er auf Grund einer Amnestie entlassen.

Rosina Eck, 1916 geboren, ist ihre Schwester. Sie erlernt nach der Schule den Beruf der Verkäuferin.

Auch ihr Mann kommt als Gegner des Nazi-Regimes ins Zuchthaus.

Sie hat einen Sohn.

Johanna Alexander, 1918 geboren, ist das dritte von sechs Kindern eines Weichenstellers.

Sie legt die mittlere Reife ab. Ihr Berufswunsch Krankenpflegerin erfüllt sich wegen einer Krankheit nicht. Sie wird Büroangestellte. Ihr Mann, den sie 1940 heiratet, kommt erst 1949 aus russischer Gefangenschaft zurück.

Alle drei leben in Gelsenkirchen.

Ein Gedicht:
Ich glaube fest an Deutschlands Sieg,
an deutsches Mark, an deutschen Stolz,
mag noch so furchtbar dieser Krieg
aufrichten vor dem letzten Sieg
das allergrößte Marterholz.

Du deutsches Volk, dein Führer führt,
und du und ich, wir folgen ihm;
ihn hat die deutsche Not gerührt,
er hat es selbst zutiefst verspürt,
als alles schon verloren schien.

Noch blutest du, den Helden gleich;
dein Schwert, geführt von starker Hand,
zerbricht jedoch des Feindes Streich.
An Siegen groß, an Narben reich,
bleibst ewig du, mein deutsches Land!

Frage:
Dieses Gedicht war Ende 1944 in einer Zeitschrift zu lesen, in der NS-Frauenwarte. Gab es denn zu dieser Zeit noch Leute, die so gedacht haben?

Eck:
Da hat eigentlich kaum noch einer an den Endsieg geglaubt, wenigstens nicht hier im Ruhrgebiet.

Vielleicht Leute, die Angst hatten, die Verbrechen begangen hatten, vielleicht, daß die noch an den Sieg glaubten. Die Bevölkerung hier glaubte nach den schweren Angriffen nicht mehr an den Endsieg.

Alexander:
Ende 1944 begannen ja die wirklich großen Luftangriffe auf Gelsenkirchen. Am vierten November.

Meine Mutter befand sich in einem Bunker in Hüllen. Mein Vater und ich waren in der Martinschule. Dieser Angriff galt besonders den Eisenwerken in der Wanner Straße, heute Thyssen, Schalker Verein. Und dieser Angriff am vierten November war wirklich so, daß die Erde bebte. Das weiß ich noch.

Das Programm des Endsieges

L. H. Eine gewaltige nationale Kundgebung durchbrauste gestern abend wieder den Berliner Sportpalast. Reichsminister Dr. Goebbels schilderte vor dem ganzen Volk ungeschminkt die Lage; er sprach von der Krise an der Ostfront und von den eisernen und opfervollen Konsequenzen, die daraus von uns allen bis zum Endsieg gezogen werden müssen. Ueber der Rede stand der Ernst der Stunde. In überzeugender Beweisführung gab uns jedoch der Reichsminister auch stärkste innere Ausrichtung. Der Sieg wird unser sein, wenn wir schnell, entschlossen und „total" handeln und vor allem dem Führer in unerschütterlichem Vertrauen folgen. Zur Erringung des Sieges bildet das ganze deutsche Volk eine verschworene Gemeinschaft, was durch diese Kundgebung vor allem auch dem feindlichen Ausland zum Bewußtsein gebracht worden ist. Mit höchster Kraft und unermüdlichem Einsatz stehen wir alle hinter dem Führer und hinter unseren siegesgewohnten Soldaten.

Der nationale Notstand ist proklamiert!

Also schließen wir die Reihen der schaffenden und der kämpfenden Front.

Dann kann uns alle Gewalt der Welt den Endsieg nicht entreißen.

Die zehn Fragen des Reichsministers Dr. Goebbels

Im Verlaufe seiner großen Ostrede richtete Dr. Goebbels zehn Gewissensfragen an das ganze deutsche Volk, Fragen, die wie ein Senkblei in unsere Seele geworfen werden und die wir alle mit heiligen Gelöbnissen für Volk und Vaterland beantworten. Der Minister führte aus:

1. Die Engländer behaupten, das deutsche Volk habe den Glauben an den Sieg verloren.

Ich frage euch: Glaubt ihr mit dem Führer und mit uns an den endgültigen totalen Sieg des deutschen Volkes?

Ich frage euch: Seid ihr entschlossen, dem Führer in der Erkämpfung des Sieges durch dick und dünn und unter Aufnahme auch der schwersten persönlichen Belastungen zu folgen?

2. Die Engländer behaupten: Das deutsche Volk ist des Kampfes müde.

Ich frage euch, seid ihr bereit, mit dem Führer als Phalanx der Heimat hinter der kämpfenden Wehrmacht stehend diesen Kampf mit wilder Entschlossenheit und unbeirrt durch alle Schicksalsfügungen fortzusetzen, bis der Sieg in unseren Händen ist?

3. Die Engländer behaupten: Das deutsche Volk hat keine Lust mehr, sich der überhandnehmenden Kriegsarbeit, die die Regierung von ihm fordert, zu unterziehen.

Ich frage euch: Seid ihr und ist das deutsche Volk entschlossen, wenn der Führer es befiehlt, zehn, zwölf, und wenn nötig vierzehn und sechzehn Stunden täglich zu arbeiten und das Letzte herzugeben für den Sieg?

4. Die Engländer behaupten: Das deutsche Volk wehrt sich gegen die totalen Kriegsmaßnahmen der Regierung. Es will nicht den totalen Krieg, sondern die Kapitulation. (Zurufe: „Niemals, niemals, niemals!")

Ich frage euch: Wollt ihr den totalen Krieg, wollt ihr ihn wenn nötig totaler und radikaler, als wir ihn uns heute überhaupt noch vorstellen können?

5. Die Engländer behaupten, das deutsche Volk hat sein Vertrauen zum Führer verloren.

Ich frage euch: Ist euer Vertrauen zum Führer heute größer, gläubiger und unerschütterlicher denn je? (Die Menge erhebt sich wie ein Mann. Die Begeisterung der Massen entlädt sich in Kundgebungen nie dagewesenen Ausmaßes. Viel tausendstimmige Sprechchöre brausen durch die Halle: „Führer, befiehl, wir folgen!" Eine nicht abebbende Woge von Heil-Rufen auf den Führer braust auf.) Ist eure Bereitschaft ihm auf allen seinen Wegen zu folgen und alles zu tun, was nötig ist, um den Krieg zum siegreichen Ende zu führen, eine absolute und uneingeschränkte?

Ich frage euch sechstes: Seid ihr bereit, von nun ab eure ganze Kraft einzusetzen und der Ostfront die Menschen und Waffen zur Verfügung zu stellen, die sie braucht, um dem Bolschewismus den tödlichen Schlag zu versetzen?

Ich frage euch siebentes: Gelobt ihr mit heiligem Eid der Front, daß die Heimat mit starker Moral hinter ihr steht und ihr alles geben wird, was sie nötig hat, um den Sieg zu erkämpfen?

Ich frage euch achtens: Wollt ihr, insbesondere ihr Frauen selbst, daß die Regierung dafür sorgt, ganz auch die deutsche Frau ihre ganze Kraft der Kriegsführung zur Verfügung stellt und überall da, wo es nur möglich ist, einspringt, um Männer für die Front freizumachen und damit ihren Männern an der Front zu helfen?

Ich frage euch neuntens: Billigt ihr, wenn nötig, die radikalsten Maßnahmen gegen einen kleinen Kreis von Drückebergern und Schiebern, die mitten im Kriege Frieden spielen und die Not des Volkes zu eigensüchtigen Zwecken ausnutzen wollen? Seid ihr damit einverstanden, daß, wer sich am Krieg vergeht, den Kopf verliert?

Ich frage euch zehntens und zuletzt: Wollt ihr, daß, wie das nationalsozialistische Parteiprogramm es gebietet, gerade im Kriege gleiche Rechte und gleiche Pflichten vorherrschen, daß die Heimat die schweren Belastungen des Krieges solidarisch auf ihre Schultern nimmt und daß sie für hoch und niedrig und arm und reich in gleicher Weise verteilt werden?

Ich habe euch gefragt; ihr habt mir eure Antwort gegeben. Ihr seid ein Stück Volk. Durch euer Mund hat sich damit die Stellungnahme der Deutschen manifestiert. Ihr habt unseren Feinden das zugerufen, was sie wissen müssen, damit sie sich keinen Illusionen und falschen Vorstellungen hingeben.

Bude:
Das war so schlimm, daß die Männer, die bei uns im Keller an der Tür nach außen standen, die mußten sich mit aller Gewalt gegen die Verschließung stemmen, damit die nicht von außen nach innen aufgesprengt wurde.

Alexander:
Als der Bombenangriff vorbei war, galt die erste Sorge natürlich meiner Mutter. Wir gingen zum Bunker nach Hüllen, aber wir hörten schon, daß der Bunker getroffen war.

Und die Folge davon war, daß meine Mutter und alle, die da drinnen gesessen hatten, drei Tage im Bunker zubringen mußten. Die Zustände da, das kann nur einer beurteilen, der das selbst miterlebt hat.

Mein nächster Gedanke war dann, nach meiner Wohnung zu sehen. Dieser Angriff war mittags gewesen. Und das war immer so: Erst Sprengbomben, und abends kam dann eine erneute Angriffswelle mit Phosphor. Was die Sprengbomben noch nicht zerstört hatten, das vollendeten dann die Brandbomben. Ja, und wir waren teilweise ausgebombt.

Nach dem Angriff konnte man nur noch das, dessen man eben habhaft werden konnte, aus der Wohnung holen. Ich wohnte im ersten Stock und hatte meinen Hausrat, was wir uns mühsam zusammengekauft hatten, also Porzellan und Kristall, in den Keller gebracht.

Aber in den Keller konnte ich nicht. Erst drei Wochen später, und selbst da war die Hitze von den Bränden noch spürbar. Und alle meine schönen Aussteuersachen waren zerschmolzen.

Ja, das war nun das Ende einer Wohnung. Das war eine schlimme Zeit für mich als junge Frau, jung verheiratet, erstmals eine eigene Wohnung mit viel Glück, kaum dazugekommen, überhaupt eine Ehe zu führen, mein Mann mußte ja in der Sowjetunion sein, und ich allein und dann dieser Verlust, diese Situation, diese innerliche Zerrissenheit. Ja, das war das Ende einer Wohnung.

Frage:
Gelsenkirchen wurde also in diesen Tagen zu großen Teilen zerstört. Da fragt man sich natürlich als jemand, der nicht dabei war, wie ist das da weitergegangen? Wie konnte man in den Trümmern überhaupt noch leben, existieren?

Eck:

Da wurden die Schulen, die noch gestanden haben, die wurden eingerichtet als Volksküchen. Da gab's Butterbrote. Da war für die ersten
zwei Tage auf einmal alles das da, was sonst nicht zu haben war. Da hat
man den Ausgebombten, damit sie wieder ein bißchen Freude hatten,
mal wieder ein Butterbrot mit Wurst gegeben.

Alexander:

Das hat die NSV gemacht, die nationalsozialistische Volkswohlfahrt.

Eck:

Bei meinem Vater war es so, daß er in der Grube war, als der Angriff
kam. Er hat acht Stunden gebraucht, bis er aus der Zeche raus war. Er
hat hier gearbeitet auf Consol 3/4 und ist auf der Oberschöner Feld-
mark rausgekommen. Mit Strickleitern mußten die raufklettern aus
800 Meter Tiefe. Mein Vater hat das oft erzählt.

Bude:

Ich kriegte gleich den Montag, den sechsten November, Besuch.
Kommt meine Schwägerin von Wuppertal, die Flakhelferin war. Da
sagt sie:

«Ich habe gehört, daß am Samstag Schalke bombardiert wurde, und
da muß ich doch erst sehen, was mit euch los ist.»

Da war ich noch sehr böse und sagte:

«Was willst du denn überhaupt hier?»

Und dann gab's Alarm, und wir sind gerade noch rechtzeitig in den
Bunker gekommen. Da haben wir uns gegenseitig festgehalten. Das
war so heiß, daß die Flammen reinkamen durch die Mauer, durch den
Beton in den Luftschutzraum.

Zwei Kinder waren bei mir. Das dritte, das mittlere, war bei meiner
Schwester oben im Mindener Land, da war sie evakuiert.

Und als wir dann raus sind aus dem Bunker, als es vorbei war, da
dreht sich unser Mädchen um – zehn Jahre war das Kind damals – und
sagt:

«Mamma, Mamma, unser Haus brennt! Meine Puppen!!»

Das sagt ein Kind von zehn Jahren. An was denkt so ein Kind anderes. An das, was es lieb hat. Ich war zu der Zeit in Hoffnung. Im März
1945 wurde das Kind dann geboren. Hat aber nicht lang gelebt, weil es
diese Sachen zuviel mitbekommen hatte.

Mutter wirtschaftet mit 300 Gramm

Die Fleischration im neuen Küchenzettel — Mehr als einmal wöchentlich Fleisch auf den Tisch

Hausfrauen wissen sich zu helfen

Mutter hat sich ihren Plan längst gemacht. Als die junge Nachbarin ratsuchend zu ihr kam, haben sie den neuen Küchenzettel eingehend besprochen. „Sie meinen wirklich, daß man auch jetzt noch mehr als einmal in der Woche Fleisch auf den Tisch bringen kann?" fragte die Nachbarin. — „Aber natürlich, das geht ganz gut! Man muß das Fleisch nur richtig einteilen." Dann erzählte sie der Nachbarin, wie sie sich den neuen Küchenzettel denkt.

Wurst wird als Brotaufstrich möglichst wenig getauft, im Sommer — wenn es Radieschen, Tomaten und anderen beliebten Brotbelag gibt — am besten gar nicht. Jetzt werden die Frühstücksbrote an Stelle von Wurst mit Brotaufstrichen, wie Streckbutter und Hefeaufstrich, belegt. Zum Abendbrot gibt es, um Brotbelag zu sparen, öfter eine Süßspeise oder eine nahrhafte Suppe!

So bleiben die Marken hauptsächlich für den Fleischkauf frei. Am ergiebigsten ist Hackfleisch und läßt sich auch auf verschiedenste Art verwerten. Es wird jetzt häufig im Küchenzettel auftauchen. So gibt es zum Sonntag einen gutschmeckenden Hackbraten (in der Kastenform gebacken, damit Fett gespart wird).

Hackbraten (in der Form)

375 Gr. Hackfleisch, zwei eingeweichte, ausgedrückte Brötchen, zwei große rohe Kartoffeln (125 Gr.), ein achtel Liter entrahmte Frischmilch, Gewürze nach Geschmack, Salz.

Von allen Zutaten einen gut durchgearbeiteten Fleischteig herstellen, den man in eine ausgefettete und mit Semmelbröseln ausgestreute Kastenform oder eine kleine Auflaufform füllt. Backzeit etwa eine Stunde. Beim Anrichten wird der Hackbraten gestürzt; man gibt dazu eine kräftige Tunke (z. B. Kapern, Tomaten) und Salat oder Gemüse. Der Rest davon läßt sich als Beigabe für ein zweites Mittagessen (etwa Makkaroni) oder als Brotbelag verwerten. Die Knochen, die man beim Einkauf von Hackepeter mit abgewogen bekommt, ergeben eine kräftige Brühe zum Eintopf.

Außerdem eignet sich in anderer Zubereitung

Hackfleisch für Eintopfgerichte

Man gibt entweder das Fleisch zuerst in den Topf, röstet es an und fügt dann die übrigen Zutaten hinzu oder formt kleine Klößchen, die man zuletzt im Eintopf gar werden läßt. Dabei genügen 200 Gr. Hackfleisch für vier Personen. Bei Fleischklößchen kommt es besonders darauf an, womit sie abgeschmeckt werden. Es lassen sich da geschickt verschiedene Abwandlungen schaffen.

Ganz besonders ausgiebig ist eine

Hackfleischtunke

100 Gr. Hackepeter genügen, um der Familie ein gutes Fleischgericht vorzusetzen. Das Fleisch wird ohne Fett angeröstet und mit ½ Liter Wasser oder Brühe aufgefüllt. Diese Tunke bindet man mit angerührtem Mehl und schmeckt sorgfältig ab. Zu Nährmitteln und Kartoffelgerichten schmeckt Hackfleischtunke ausgezeichnet und bietet außerdem gut.

Zur Abwechslung kommt ferner die ergiebige

„frische Wurst"

in den neuen Küchenzettel. Einmal wird sie im Eintopf gar gemacht und als Fleischbeilage verwendet, ein andermal in einer kräftigen Suppe. Auch eine Tunke — ähnlich der Hackfleischtunke — läßt sich daraus herstellen, und mit sehr wenig Fett angebraten, ist frische Wurst als Beilage zu vielen Gerichten zu verwenden. Auch andere Wurst (grobe Mettwurst, Blutwurst usw.) läßt sich als Fleischbeilage zubereiten. So nimmt man z. B. möglichst fette Wurst zum Braten von Bratkartoffeln und bekommt dadurch ein sättigendes Essen. Ein andermal wird leicht geräucherte Wurst fein geschnitten in Suppen oder Eintöpfe gegeben, die nur mit Wasser angekocht wurden.

Selbstverständlich gibt es hin und wieder auch einen richtigen Sonntagsbraten, den keiner verzichten möchte. Die restliche Tunke davon wird am nächsten Tag verwendet. Bleibt etwas Fleisch übrig, kann es kalt aufgeschnitten als besonders guter Brotbelag oder als Beilage für ein zweites Mittagessen verwendet werden.

So gibt es für alle Hausfrauen noch Wege, den Küchenzettel abwechslungsreich zu gestalten, mehr als einmal wöchentlich Fleisch auf den Tisch zu bringen und die Familie zufriedenzustellen. Es ist natürlich nicht ganz einfach, und jede Mutter wird sich nach den besonderen Wünschen ihrer Familie so gut wie möglich richten. Aber sie schafft es, und — Mutter wirtschaftet auch mit 300 Gr. pro Kopf zur Zufriedenheit ihrer ganzen Familie.

Die besonderen Rationen

für werdende Mütter und Wöchnerinnen

Der Reichsernährungsminister hat zu der teilweisen Herabsetzung der Rationen an Brot, Fleisch und Fett, wie sie mit Wirkung vom 6. April bestimmt worden ist, die erforderlichen Anweisungen getroffen, um weiterhin den besonderen Anforderungen bestimmter Verbrauchergruppen gerecht zu werden. Nach diesem neuen Erlaß wird für werdende und

Lebensmittelrationen weiter die gleichen

Die Zuteilung in der 41. Kartenperiode

In der 41. Zuteilungsperiode vom 21. September bis 18. Oktober werden an Brot, Mehl, Fleisch, Butter, Margarine, Käse (abgesehen von der in der 40. Zuteilungsperiode erfolgten Sonderzuteilung), Quark, Getreidenährmitteln, Teigwaren, Kartoffelstärkeerzeugnissen, Vollmilch, Zucker, Marmelade, Kunsthonig und Kakaopulver die gleichen Rationen ausgegeben wie in der 40. Zuteilungsperiode. Gekürzt wird lediglich die Zuteilung an Kaffee-Ersatz, die künftig mit 250 Gramm um 62,5 Gramm kleiner ist als bisher. Gleichzeitig sind jedoch unter Beibehaltung der Qualität die Kaffee-Ersatzmittel ergiebiger geworden, da der Anteil der Zusatzstoffe bei gleichmäßiger Verringerung des Getreideanteils erhöht wurde. Die Kaffee-Ersatzmittel werden auf die beiden mit dem Aufdruck „125 Gramm Kaffee-Ersatz" versehenen Abschnitte N 25/N 26 und N 27/N 28 der Nährmittelkarten für über 3 Jahre alte Versorgungsberechtigte und Selbstversorger (einschließlich der Selbstversorger mit Getreide) abgegeben.

Die Reichsfettkarten, die Zusatz- und Zulagekarten sowie die Wochenkarten für ausländische Zivilarbeiter der 41. Zuteilungsperiode enthalten keine Abschnitte zum wahlweisen Bezug von Margarine oder Speiseöl. Die Hauptvereinigung der deutschen Milch- und Fettwirtschaft wird jedoch Speiseöl-Zuteilungen in Gebieten mit angewohnheitsmäßig stärkerem Speiseölverbrauch in beschränktem Umfange oder die Milch- und Fettwirtschaftsverbände im Einvernehmen mit den zuständigen Landes-(Provinzial-) Ernährungsämtern vornehmen.

Die Verbraucher haben die Bestellscheine einschließlich des Bestellscheines der Reichseierkarte und des Marmeladenbestellscheines 41 der Reichskarte für Marmelade (wahlweise Zucker) in der Woche vom 14. bis 19. September 1942 bei den Verteilern abzugeben, sofern nicht die Ernährungsämter die Abgabe auf bestimmte Tage dieser Woche beschränken.

Frage:

In den Zeitungen und Zeitschriften des Jahres 1944 wird immer wieder behauptet, den Menschen in Deutschland ginge es noch gut. Zu hungern brauche keiner. Stimmte denn das?

Eck:

Also hungern direkt vielleicht nicht. Allerdings dort, wo junge Leute waren. Mein Mann zum Beispiel. Da waren in der Familie noch zwei jüngere Brüder. Und die kamen mit den Scheinen wirklich nicht aus, mit den Lebensmittelkarten. Weil es eben zwei sehr große Esser waren. Es gab ja nicht viel Fett auf die Karten. Es gab die Normalkarte, die Schwerarbeiterkarte und die Schwestarbeiterkarte. Und dann gab's natürlich auch Karten für stillende oder werdende Mütter.

Aber bei meinem Mann in der Familie, da war es so, daß die nur zwei Schwerarbeiterkarten hatten und sonst Normalkarten und immer große Esser gewesen sind, die haben es wirklich nicht gutgehabt.

Frage:

Wie hat man sich da geholfen?

Alexander:

Ja, mit Erfindungsgabe!

Eck:

Meine Schwiegereltern hatten noch ein bißchen Garten, da gab es dann manchmal Gemüse.

Und es wurde eben alles langgezogen, verlängert, wie es nur eben ging.

Ich erinnere mich, daß ich schon ein Jahr verheiratet war – meine Schwiegermutter war gestorben, und wir wohnten bei meinem Schwiegervater –, da hat meine Schwägerin Suppe gekocht, Milchsuppe.

Wir bekamen ja diese entrahmte Frischmilch, im Volksmund hieß die auch Blaumilch. Die hatte so einen blauen Schimmer, weil da kein Fett mehr drin war. Man konnte machen, was man wollte, die brannte an. Da gab es die tollsten Dinge: Da hieß es, mit ein bißchen Fett den Topf ausschmieren, dann brennt sie nicht an. Sie brannte an. Und sie schmeckte dann natürlich oft sehr angebrannt. Aber trotzdem wurde das gegessen, weil eben nichts anderes da war.

Frage:
Sie wollten von Ihrer Schwägerin erzählen...?

Eck:
Ja. Die Schwägerin wollte also Milchsuppe kochen. Und dann hat sie in die Milchsuppe noch ein paar Tropfen Bittermandelöl hineingetan und sagte:

«Das kann man doch essen?»

Und ich muß sagen, ich habe den Geschmack von der angebrannten Milchsuppe und den Mandelgeschmack – ich war damals in Umständen –, bis zu dem Tag, an dem mein Sohn geboren wurde, hatte ich den Geschmack im Mund. Also Blaumilch – das war wirklich das letzte. Da gibt es auch eine schöne Geschichte dazu:

Wir hatten eine Nachbarin. Und eines Tages geht die zu ihrem Lebensmittelgeschäft und verlangt einen halben Liter «Blaumilch».

Und da ist sie angezeigt worden. Und zur Strafe wohl mußte sie ein Jahr lang jeden Morgen zum NSDAP-Büro gehen, mußte sagen:

«Heil Hitler! Das ist ‹entrahmte Frischmilch›, das ist keine ‹Blaumilch›!» und durfte wieder nach Hause gehen.

Nun war diese Frau sehr auf Draht, kann man sagen. Sie mußte da früh morgens um neun Uhr auf dem Parteibüro sein. Und jedem, den sie traf und der sie fragte:

«Na, schon so früh unterwegs?»

oder

«Von wo kommen Sie denn schon?»

dem erzählte sie die Geschichte von der Blaumilch und daß sie zum NSDAP-Büro muß. So kannte in Schalke jeder diese Geschichte. So etwas ist zwar eine Entwürdigung für einen Menschen, aber trotzdem muß man doch sagen, diese Frau hat es mit Humor genommen und hat eine regelrechte Kampagne daraus gemacht.

Alexander:
Ich kann mich auch noch erinnern, ich habe diese Milch zum Dickwerden gestellt. Habe mir ein Leinensäckchen genäht, diese dick gewordene Milch darein praktiziert, so hatte ich dann hinterher Quark, die Flüssigkeit tropfte ja ab. Und dann habe ich das als Brotbelag gegessen. Und wenn man hatte, rührte man da noch was drunter. Konfitüre und so was war ja ebenfalls Mangelware.

Fetternte aus dem Buchenwald

Das Sammeln der Bucheckern hat begonnen — Sie liefern Oel und Viehfutter

In diesen stürmischen Herbsttagen sieht man viele Kinder unter den wenigen uns noch verbliebenen Buchen eifrig damit beschäftigt, Bucheckern zu suchen. Alle sieben Jahre tragen die Buchen außerordentlich reich, während es in den dazwischen liegenden Jahren weniger Bucheckern gibt. In diesem Jahre ist mit einem mittelmäßigen Ertrag zu rechnen; in manchen Gegenden indes steigert er sich bis zu einer guten Tracht. Da es in zahlreichen Gebieten Großdeutschlands ausgedehnte Buchenwälder gibt, so bringen diese, insgesamt gerechnet, eine schwerwiegende Menge von Bucheckern hervor. Diese Tatsache führt in diesem Herbst dazu, die Früchte der Buchen wieder einmal regelrecht zu ernten und für Nahrungszwecke zu gebrauchen, soweit sie nicht von der Forstwirtschaft für die Nachzucht benötigt werden.

Die dreikantigen Früchte der Buche mit den braunen, glänzenden, harten Schalen, je zu zweien in der stacheligen, bei der Reife sich auseinanderspaltenden Hülse steckend, liefern ein feines und wohlschmeckendes Oel, das durchaus für die Ernährung zuträglich ist, entgegen fälschlichen Meinungen, die hin und wieder auftauchen. Diesen gegenüber haben erst im vorigen Jahre wieder zwei Mitglieder des chemischen Untersuchungsamtes in Stuttgart nach genauen Untersuchungen einwandfrei festgestellt, daß sich sowohl frische Bucheckern wie auch Buscheckernöl zum menschlichen Genuß eignen und wie bisher verwendet werden können. Es hat noch niemals jemand Schaden dadurch genommen, mochte er beim Wandern im Walde die nußartig schmeckenden Kerne der Bucheckern knabbern oder die Hausfrau sie in der Küche anstelle von Mandeln verwenden, oder sich des Bucheckernöles bedienen. Auch die Margarine, die aus Bucheckernöl hergestellt wird, hat gegenüber anderer Margarine keine nachteiligen Eigenschaften. Der Oelgehalt der Bucheckern ist beträchtlich: Er beläuft sich auf nicht weniger als 45 Hundertteile.

Es kommt nun darauf an, die Ernte aus dem Buchenwald auch zu gewinnen. Mit diesem Ziel hat der Reichsforstmeister kürzlich einen Runderlaß herausgegeben. Wer nur irgend in der Lage ist, sich beim Sammeln von Bucheckern beteiligen zu können, der soll es tun, denn eine zusätzliche Fett- oder Oelversorgung wird jedem willkommen sein.

Es ist aber auch daran gedacht, die Bucheckern, soweit sie nicht gesammelt werden können, nicht im Walde ungenutzt liegen zu lassen: Sie werden für die Schweinefütterung nutzbar gemacht. Die betreffenden Buchenwälder sollen für den Schweineeintrieb freigegeben werden, damit auch auf diese Weise ein Beitrag zur Volksernährung geleistet wird. Diese Art der Nutzung von Bucheckern und Eicheln ist übrigens uralt und war die ursprüngliche. Deshalb nennt der Forstwirt auch heute noch die Fruchttracht der Buchen und der Eichen einfach Buchenmast und Eichenmast. Diese Ausdrücke rühren von der Mästung der Schweine durch den Eintrieb in den Wald her. Diese Waldmast der Schweine war einst von großer Bedeutung in der Schweinehaltung überhaupt. Was für die Schweinefütterung heute Kartoffeln und Rüben sind, das waren damals Bucheckern und Eicheln. Die Waldmast der Schweine fiel in die Zeit von Oktober bis Weihnachten. Aus vielen mittelalterlichen Urkunden kann man ersehen, daß der Wert der Wälder häufig einfach nach der Zahl der Schweine berechnet wurde, die sie ernähren konnten.

Aber auch die aus dem Wald heimgebrachten und in die Oelmühle geschickten Bucheckern liefern noch ein Kraftfutter für den Viehstall, nämlich in Gestalt der übrigbleibenden Oelkuchen und dienen so mittelbar ebenfalls noch der menschlichen Ernährung.

Beim Sammeln der Bucheckern ist zu achten, daß man sie an einer luftigen, trockenen Stelle flach ausbreitet, damit sie gut trocknen können. Sie müssen rasch trocknen. Bucheckern schimmeln leicht, wenn sie feucht sind; solche Bucheckern sind dann aber wertlos.

Bude:
Es gab ja seltsame Dinge damals. Wir hatten auf dem Kaiserplatz in der Woche einige Male Markt. Wir wußten, wann die Marktfrauen kamen und wo die ihre Stände aufbauten. Dann standen da schon Schlangen vorher, damit man wenigstens etwas Frisches mal auf dem Tisch hatte. Aber nicht nur Gemüse und Kartoffeln und dergleichen waren gefragt, sondern auch – man kann es glauben oder nicht – Blumen. Also Blumen wurden da mit einemmal etwas Besonderes, etwas Schönes, vielleicht eben gerade deswegen, weil rundherum alles zerbombt war. Vielleicht zeigte sich in der Nachfrage nach Blumen die Sehnsucht der Menschen nach etwas Schönem, Unberührtem...!

Alexander:
Natürlich wurde trotzdem vor allem Frischgemüse gekauft: Porree, Kohl, Steckrüben, Möhren...

Frage:
Können Sie sich noch an ein Rezept erinnern? Was hat man aus solchen Zutaten gekocht?

Alexander:
Ja. Also Grundkonsens waren Knochen, Schwarten oder Kleinfleisch. Und da gibt es ein geflügeltes Wort, das heißt:
«Adelheid hat Supp' gekocht, die ganze Woch' auf einem Knoch'» Und man sagte, wenn man es das siebte Mal ausgekocht hatte, dann wäre die Suppe am kräftigsten. Daran können Sie sehen, wie man sich selbst betrogen hat. Ich weiß ein Gericht, das die Mutter kochte, Sagrei nannten wir das. Vater, Mutter und wir vier Kinder sind noch sehr lange zusammengeblieben, obwohl ich verheiratet war. Wir haben immer noch zusammen gelebt, gekocht und gegessen. Und dann kochte sie sehr oft Sagrei. Da wurde dann auch auf dem Knochen eine Brühe gekocht. Etwas Lauch, gewürfelte Kartoffeln wurden gar gekocht. Und zum Schluß wurde eine Kartoffel gerieben, das macht dann alles so schön sämig. In der Pfanne etwas Margarine, Zwiebeln, klein geschnitten, und Speck schön braun werden lassen, und das alles dann über die Suppe gießen. Wenn das mit den Kartoffeln nicht reichte, dann hat die Mutter dazu Mehl mit Wasser geklumpt, so als Ribbelchen. Und die kamen dann zum Schluß noch dazu.

Zeitgemäße Rezepte

Blumenkohlsuppe

1 Blumenkohl mit den grünen Blättern, 1½ l Wasser, Salz, 50 g Grieß, 10 g Fett.

Die grünen Blätter werden mit den Rippen sauber gewaschen und feinnudlig geschnitten und je nach der gewünschten Menge in Salzwasser gar gekocht. Zum Schluß wird der Grieß eingelassen und mit einer Messerspitze Fett verfeinert. Falls vorhanden, eine Prise Muskatnuß zusetzen. Der Blumenkohl selbst ergibt das Hauptgericht und kann mit einer weißen Tunke zu Kartoffeln gereicht werden.   *M. Kanthak, Berlin-Tegel*

Kerbeltunke

Eine Handvoll Kerbel wiegt man fein, läßt ihn in Knochen= oder Gemüsebrühe aufwallen und verdickt die Brühe mit Mehl zu einer sämigen Tunke. 1—2 gekochte Eier zerschneidet man in Scheiben und legt sie kurz vor dem Anrichten in die Tunke, die mit Pellkartoffeln gereicht wird.   *Th. Hersen, Eisenach*

Spinatbratlinge (Abb. 1)

Unter einen Rest Spinatgemüse gibt man so viel Haferflocken, daß sich die Masse zu Klößen formen läßt. Mit etwas Salz und frischen Kräutern würzt man. Man brät die Masse knusprig braun auf der Pfanne, die Klöße brauchen wenig Fett.   *I. Rieken, Wilhelmshaven*

Porreeauflauf

³⁄₄ kg Porree, 20 g Fett, 1 kg Kartoffeln, ¹⁄₈ l entrahmte Frischmilch, Salz, Kochwurst oder Reste von (geräuchertem) Fleisch, Weckmehl, Margarineflöckchen.

Der Porree wird geputzt, in etwa 3 cm lange Stücke geschnitten (Grün bis obenhin mit verwenden), gewaschen und in etwas Fett im eigenen Saft weich gedünstet. Gar nicht, evtl. ganz schwach salzen. Aus den Kartoffeln macht man mit Milch und Salz einen Kartoffelbrei. In eine ausgefettete Auflaufform schichtet man Kartoffelbrei, den Porree, darauf die würflig geschnittene Wurst oder die Fleischreste, zuletzt nochmals Kartoffelbrei, streut Weckmehl darüber, legt ein paar Margarineflöckchen darauf und läßt den Auflauf überbacken.   *I. Garms, Magdeburg*

Grüne Backkartoffeln (Abb. 2)

30 g Fett, 1 Zwiebel, 500 g Kartoffeln, 500 g Gemüse, 1 Ei, Salz, ¹⁄₁₆ l entrahmte Frischmilch, Kräuter.

Das Fett tut man nebst Zwiebelscheiben in einen größeren Topf, schneidet die rohen Kartoffeln sowie Gemüsescheiben wie Kohlrabi und einige Möhren daran und läßt alles mit etwas Salz dämpfen. Später schüttet man das mit Milch verquirlte Ei daran. Dann wendet man die Speise vorsichtig und füllt gewiegte Kräuter, Salatblätter und Petersilie darunter und läßt an heißer Herdstelle vollends garziehen.   *Th. Hersen, Eisenach*

Frage:
Was gab's denn damals für Mehl?

Eck:
Das Mehl war grau, nicht so ausgemahlen wie jetzt. Ich war damals in einem Lebensmittelgeschäft tätig und...

Frage:
Dann hatten Sie ja auch mit Lebensmittelmarken zu tun.

Eck.
Ja. Die mußten abgeschnitten werden. Da brauchte man eine Schere, jeder hatte eine Schere dabei. Und auf den Lebensmittelkarten gab es verschiedene Abschnitte. Soundsoviel Fleisch, da gab es Brot, da gab es Mehl drauf. Auf die Weißbrotkarten konnte man auch Gebäck kaufen oder, wenn es das gab, Zwieback. Und dann gab es Marken, die wurden aufgerufen. Man mußte jeden Morgen die Zeitung lesen, denn es gab manchmal eine Sonderzuteilung auf irgendeine Karte.

Ich weiß noch, es gab die Siebentageskarte für Soldaten, die in Urlaub fuhren. Da war dann auch ein Viertelpfund Butter drauf, das kriegten die Soldaten extra. Die Zivilbevölkerung bekam nicht soviel. Und dann war das so: Man bekam genau das, was auf dem Abschnitt stand. Also, wenn da 62,5 Gramm stand, dann bekam man das auch. Das wurde abgeteilt, jedes Stückchen. Wenn ich heute ins Geschäft gehe, und man sagt:

«Darf es etwas mehr sein?»

Dann sag ich:

«Ja, es darf.»

Denn ich hab es mitgemacht, wo wir das bißchen noch abschneiden mußten. Es waren genau 62,5 Gramm, denn wir haben ja auch nur unsere Zuteilung ins Geschäft bekommen und mußten dafür die Marken geben, die wir bekommen hatten. Bereits 1938 ist die Butter rationiert worden. 1938 bekamen wir nur noch eine bestimmte Menge und eine bestimmte Sorte. Der Krieg ist also 1938 auf dem Lebensmittelsektor schon vorbereitet worden. 1939, als der Krieg begann, da war ja in allen Geschäften ein Bestand da, und dieser Bestand wurde dann immer als Vorschub gerechnet.

Und wir bekamen dann immer für die Marken, die wir abgegeben hatten, neue Ware.

Frage:
Wurde denn da auch mal was unter der Theke verkauft?

Eck:
Eigentlich war das nicht möglich. Ich wußte ja genau, soundsoviel habe ich bekommen, und soundsoviele Marken mußte ich abgeben. Also das war nicht drin.

Ein bißchen «Schwund» bekamen wir im Geschäft angerechnet, aber dieser Schwund ging ja auch weg. Wenn eine Wurst drei Tage hängt, dann trocknet sie etwas aus. Nur in Ausnahmefällen war so was möglich.

1941, als die Balkanstaaten überfallen wurden, da wurde das ganze Geflügel von den Balkanstaaten hierhergeschickt. Und da bekamen die Geschäfte Zuteilungen. Das Geflügel gab es ohne Marken: Hähnchen, Hühner, halbe Gänse. Und das wurde dann natürlich vorzugsweise an die Stammkundschaft abgegeben. Aber das ging auch nicht lange, dann ging das wieder auf Zuteilung, dann ist pro Kopf ein halbes Pfund aufgerufen worden.

Nein, man hätte die Kunden betrügen müssen, wenn man schwarz verkaufte, und das liegt ja nun auch nicht jedem.

Natürlich gab es Schwarzhandel. Es gab viele Leute, die das machten. Aber eine Verkäuferin oder Leiterin in einem Lebensmittelgeschäft, die konnte so was nicht machen.

Allerdings – es gab beispielsweise unterschiedliche Nährmittel. Und manche Nährmittel waren insofern besser, als sie schon gezuckert waren.

Da hat man als Filialleiterin dann gesehen, daß das dann auch die Stammkunden kriegten. Wenn jemand so mal vorbeikam und wollte das haben, dann hatte man das eben nicht.

Es gab eben einfache Haferflocken und gezuckerte Haferflocken. Und für die meisten waren die gezuckerten Haferflocken ja viel mehr wert: Man konnte den Zucker sparen.

Alexander:
Das heißt, man mußte in der Zeit mit sehr viel Phantasie versuchen, aus dem wenigen was zu machen.

Nicht, nehmen Sie den Fünf-Tassen-Kuchen, so hieß der damals. Da brauchte man je eine Tasse Mehl, Haferflocken, Zucker, Milch, Grieß und einen Teelöffel Backpulver...

45

Frisches Gemüse kostenlos
Wildgemüse ist gesund und entschlackt den Körper

Eigentümlich mutet es uns in diesen Tagen und Wochen an, die hinsichtlich der richtigen Ernährung die schwierigsten des ganzen Jahres sind und daher den Hausfrauen die meisten Sorgen machen, wenn wir lesen, daß „Frisches Gemüse kostenlos" zu haben ist, zumal wir alle wissen, daß gerade jetzt Höchstpreise dafür verlangt werden. Nicht in den Geschäften, noch an den Marktständen ist dieses billige Gemüse täuslich zu erwerben. Jedem wird es geschenkt und zwar „in rauhen Mengen", wenn er draußen am Walde und an den Wegrändern sucht, was der Lenz nach diesen wundervollen Frühlingstagen aus der Erde hervorgezaubert hat.

Wildgemüse ist es, das an Hecken, in Gärten, selbst an schattigen Orten in unmittelbarer Nähe unserer Städte und Dörfer wächst und bisher leider von den meisten unbeachtet blieb. Nur die Bevölkerung kleiner, abgelegener Dörfer, in denen früher und vor allem jetzt der Gemüsewagen selten oder gar nicht erschien, hat das Wildgemüse von jeher zu schätzen gewußt. Sie kannte diese gesunden, besonders heilkräftigen, zarten Triebe der Geißfußes schon lange, den sie im Volksmunde „Gehein" oder „Gehelkes" nennt. Sie weiß dieselben zur Hälfte mit den zartesten Trieben der Brennessel zu vermengen und bereitet daraus einen wohlschmeckenden „Frühlingsspinat", der vor allem für unsere Kinder außerordentlich gesund ist.

Wir alle wissen, daß unser Körper während des langen, strengen Winters einseitig ernährt wurde. Wir haben zuviel Eiweiß und Kohlehydrate (Säureerzeuger) zu uns genommen, die infolge der mangelnden Bewegung in diesen Tagen und Wochen Ermüdungserscheinungen bei uns aufkommen lassen. Unser Blut ist verdickt und verschlackt und bedarf einer gründlichen Reinigung. Stoffwechselkrankheiten verschiedenster Art zeigen sich. Wenn wir ihnen vorbeugen wollen, ist eine gründliche Umstellung auf eine entschlackende Ernährungsweise mit basisch-mineralhaltiger und vitaminreicher Kost unbedingt notwendig. Weil nun gerade jetzt die erforderlichen Nahrungsmittel, also Gemüse und Obst besonders knapp sind, müssen wir die gesunden, überall wachsenden Wildgemüse soviel wie möglich ausnutzen und nach allen Hilfsquellen suchen, die uns der Lenz jetzt reichlich schenkt, damit unsere Kost mit den genannten fehlenden Stoffen ausreichend verbessert wird.

Man muß sich immer wieder fragen, warum man in den vergangenen Jahren nicht immer schon größeren Wert auf diese Wildgemüse gelegt hat. Meistenteils hat man aus Bequemlichkeitsgründen oder wegen „Mangel an Zeit", über den nun bekanntlich heute jeder zu klagen hat, auf dieses so außerordentlich gesunde und für den Körper so notwendige Wildgemüse verzichtet. Die Treibhäuser lieferten uns früher so genügend Salat und Spinat, der nun durch den strengen Winter in diesem Jahre ausgeblieben ist. Zur Pflege seiner Gesundheit sollte aber jeder zu jeder Zeit genug erübrigen. Eine vielköpfige Familie hat wirklich keinen Grund, über Gemüsepreise oder den Mangel an frischem Gemüse zu klagen. Wo viele Köpfe sind, sind auch viele Hände, die das Wildgemüse, voll angenehmer Vitamine und Mineralsalze, fleißig suchen können.

Nirgendwo fehlen die „Gehein", dieses wegen der strangförmigen Wurzelausläufer schwer ausrottbare „Gartenunkraut", von dem man nur die zarten Blättchen verlängt. Zu einem Drittel mit Brennesselspitzen vermengt, geben sie ein schmackhaftes Gericht. Brennesseln allein würden zu herbe schmecken. Man kann dieses Wildgemüse auch mit Gartenspinat vermengen. Ganz abgesehen von der gesundheitsfördernden Kraft, sollte jede Mutter schon aus rein volkswirtschaftlichen Gründen in dieser Kriegszeit wenigstens zweimal in der Woche Wildgemüse auftischen.

Leider ahnen viele Menschen gar nicht, wie gut Löwenzahn, Brennessel, Sauerampfer und Brunnenkresse schmecken und wie gesund ihre jungen Triebe sind. Am besten sammelt man die zarten Blätter vor der Blütezeit und zwar möglichst gegen Abend, denn sie enthalten nach der Sonnenbestrahlung stets den größten Nährwert. Wildgemüse können einzeln oder auch gemischt für Salate, Suppen und Tunken, ebenso auch als Gemüse gekocht verwendet werden. Bei der Zubereitung von Gemüsen muß man darauf achten, daß es vorher gründlich gewaschen, mit Zwiebeln und Fett gedünstet und wenn es gar ist, mit einer Mehltunke gedickt wird. Löwenzahnsalat wird aus zarten Blättern der Pflanze bereitet, die noch nicht geblüht hat. Sie wird wie Endiviensalat fein geschnitten und angemacht. Wer einmal Wildgemüse gekostet hat, möchte nicht mehr darauf verzichten.

F. H.

Frage:

Und den Zucker konnte man sparen, wenn man gezuckerte Haferflokken hatte...?

Alexander:

Genau.

Daraus wurde dann ein Knetteig gemacht. Da nahm man dann eine Handvoll von weg. Den Teig in eine gefettete Backform reingedrückt. Gefettet – das machte man mit einer Speckschwarte. Mit Marmelade wurde der Teig bestrichen. Aus dem zurückgehaltenen Teig ein Gitter gemacht, darüber gedeckt und alles abgebacken. Und, so man hatte, dann Puderzucker drübergestreut.

Frage:
Gab es denn damals Puderzucker?

Eck:
Ja, Puderzucker gab es hin und wieder mal. Aber den Puderzucker hat man eigentlich verwahrt für Weihnachten. Dann machte man aus einem halben Pfund Puderzucker und einem halben Pfund gekochter Kartoffeln, die man durch den Fleischwolf gedreht hatte, und Bittermandelöl – daraus machte man Persipan als Ersatz für Marzipan.

Marzipankartoffeln. Wenn man Kakao hatte, hat man so Kugeln geformt und darin gedreht.

Bude:
Das hat man auch aus Grieß gemacht...

Eck:
Ja, aus Grieß auch, aber auch aus Kartoffeln.

Und dann weiß ich, wir hatten eine große gußeiserne Platte. Die wurde dann – wir hatten ja damals die großen Herde – die wurde dann auf den Ofen gesetzt.

Wenn wir dann eine Speckschwarte hatten, wurde die eingerieben. Und darauf haben wir von Hefe, ein bißchen Milch, ein bißchen Mehl und – wenn noch da war – ein Ei oder Milei-Pulver, da wurden dann Plätzchen gebacken. Manchmal waren noch Rosinen da...

Das war auch etwas, das war sehr lecker. Damals.

Aber wer oft hungern muß, dem schmeckt eben vieles lecker.

Sehen Sie, wir haben in unserem Leben – wir sind fast alle im Ersten Weltkrieg geboren – wir haben in unserem Leben schon dreimal gehungert: im Ersten Weltkrieg, in der Inflation und im Zweiten Weltkrieg, daß das eigentlich für unsere Leben reicht.

Bude:
Wenn wir die Zeit nehmen vor 1933, da haben wir die Parolen geschrieben: Wer Hindenburg will, will Hitler, wer Hitler wählt, wählt den Krieg...

Eck:

Viele wollten uns nicht glauben, daß Hitler nach Krieg strebt, aber wer Hitlers «Mein Kampf» gelesen hatte, der mußte eigentlich wissen, was Hitler vorhatte.

Bude:

Also bei uns stand fest, daß wir 1939/40 Krieg haben würden. Wenn man Hitler alles in den Schoß legte: Österreich, Teile der ĈSSR erst, wir wußten genau, daß Hitler keine Ruhe geben würde, daß er nach Osten sich hinwenden würde, daß dann die Sowjetunion dran sein würde, das wußte man auch.

Eck:

Dadurch daß wir erlebt haben, wie man damals die Rüstung machte, wie man auch «Kanonen statt Butter» haben wollte, deshalb ist unser Engagement auch heute noch so, daß wir uns einsetzen.

Wir wollen verhindern, daß die jungen Menschen heute die Sachen erleben, die wir erleben mußten, den Faschismus, die Unfreiheit... Ich war damals siebzehn Jahre alt, als der Faschismus kam. Und ich muß sagen, mir ist damals meine Jugend genommen worden.

Sooon Bart.

„... für'n Junggesell'n is die Markengeschichte natürlich etwas umständlich — eine Frau kennt sich da viel besser aus! Heiraten Sie doch, Herr Krause — zwo oder mehr Rationen wiegen sich auch besser ab ...!"

Alexander:

Unser Beweggrund ist, daß die Kinder in aller Welt in Frieden aufwachsen sollen, daß es nur im Frieden keinen Hunger auf der Welt geben wird. Wir sehen es ja an den Völkern anderer Länder: Überall wo der Krieg, wo Gewalt herrscht, da hungern die Menschen. Also gibt es nur eine Alternative: Kämpfen für den Frieden!

Wer heute sagt, er hätte das nicht gewußt...

Hildegard Sauer-Rave, nach deren Erzählung der folgende Bericht abgefaßt ist, wurde 1910 geboren.

Sie besuchte ein Gymnasium, studierte später Kunst an der Folkwang-Schule in Essen.

Sie hatte eine Tochter und arbeitete als Malerin in Gelsenkirchen. Kurz vor Erscheinen dieses Buches verstarb Hildegard Sauer-Rave.

Ich habe in den Kriegsjahren bis 1943 in Gelsenkirchen gelebt. Mein Vater wurde gleich in den ersten Kriegstagen zum SHD einberufen, zum Sanitätshilfsdienst. Er war dann da wie kaserniert. Und ich war mit meiner Mutter allein.

Mein Vater ist ja damals schon ein alter Mann gewesen, er hatte den ersten Krieg schon mitgemacht.

Die Leute vom SHD mußten außerhalb der Wohnung in einer alten Schule schlafen. Und das ist ihm natürlich schwergefallen. Die wurden eingesetzt, wenn in den bombenbeschädigten Häusern irgendwelche Aufräumungsarbeiten gemacht werden mußten. Und das mit meinem Vater. Der war nicht sehr geschickt in solchen Dingen.

1943 ist ihm dabei dann auch ein Eisenträger auf den Kopf gefallen, und er hat lange im Spital gelegen und ist sehr krank gewesen.

Mein Vater war ein verwöhnter Mann. Und nun diese Arbeit und dazu Gemeinschaftsverpflegung. Er hat gar nicht da essen können. Und alle die Brotrationen, die er da bekam, die haben wir einer jüdischen Familie gebracht, die in der Klosterstraße gewohnt hat.

Ich habe dieser alten Frau, die nachher dann in Theresienstadt umgekommen ist, selbst das Brot gebracht. Und als dann die Gestapo kam, das weiß ich noch, als die Gestapo vorne reinkam, bin ich hinten durch das Badezimmerfenster in den Garten gesprungen.

Das war streng verboten. Man durfte mit den Juden ja überhaupt keinen Kontakt haben.

Nur – wer heute sagt, er hätte das nicht gewußt... Da mußte man die Augen schon sehr fest zumachen. Wer gewollt hat, der wußte das auch, was mit den Juden geschehen ist.

Die Lebensmittellage in Gelsenkirchen, die war in den Kriegsjahren nicht gerade rosig. Das schlimmste war, es gab ja auf die Lebensmittelkartenabschnitte meist nicht, was draufstand.

Da standen die Leute oft schon nachts ums Brot an, aber wenn dann kein Brot mehr da war, dann bekamen sie auch auf Marken eben kein Brot mehr.

Um die Rationen ein bißchen aufzubessern, bin ich dann oft nach

Sparsame Brotaufstriche
Möglichkeiten, die der Sommer bietet

An Sonn- und Feiertagen und bei gastlicher Bewirtung wird sich manche Hausfrau heute oft den Kopf zerbrechen, wie sie ihrer Familie und ihren Gästen eine appetitlich zurechtgemachte Platte mit belegten Broten zum Abendessen vorsetzen kann, ohne allzu lange Zeit mit der Zubereitung zu verbringen.

Um Fett- und Fleischmarken zu sparen, brauchen die üblichen Wurst- und Käseschnitten nicht unbedingt dabei zu sein; es gibt gerade im Sommer viele Möglichkeiten, einen abwechslungsreichen und sparsamen Brotbelag herzustellen. Man belegt z. B. einige Scheiben Vollkornbrot mit feingeraffelten Möhren, dünn geschnittenen Gurken- und Tomatenscheiben oder mit geschnittenen Radieschen und hat zugleich die Freude, daß die so belegte Platte ein farbenfrohes, appetitliches Aussehen bekommt.

Aber nicht nur mit Frischkost kann diese Wirkung erzielt werden; man kann ebenfalls sparsame Brotaufstriche verwenden, von denen nachstehend einige Rezepte angegeben werden. Sie sind mit Kräutern abgeschmeckt, die es jetzt gerade gibt, können aber genau so gut mit Tomatenmark, Senf, Gurken, Käse usw. zubereitet werden.

Streckbutter mit Kräutern:

30 Gramm Fett, 60 Gramm Mehl, 1/8 bis 1/4 Liter Wasser oder Milch, Salz, Kräuter, evtl. 50 Gramm Butter.

Man röstet das Mehl mit dem Fett gut durch, ohne es zu bräunen, füllt mit der heißen Flüssigkeit auf und kocht einen dicken Brei, den man während des Abkühlens häufig umrührt, damit sich keine Haut bildet. Nach dem Abkühlen kann man noch die schaumig gerührte Butter daruntermischen. Dann schmeckt man mit Salz und Kräutern ab.

Hefeaufstrich:

100 Gramm Hefe, 20 Gramm Fett, Zwiebel oder Lauch, 1 Eßlöffel geriebene Semmel, 1/16 Liter Wasser, Salz, Kräuter.

In dem heißen Fett läßt man die gehackte Zwiebel gelb werden und die zerbröckelte Hefe zergehen. Dann gibt man geriebene Semmel und Wasser hinzu und läßt alles zusammen zu einem Brei einkochen, den man nach dem Abkühlen mit Salz und Kräutern abschmeckt.

Brotaufstrich mit Quark:

Der Quark wird durch ein Sieb gegeben, mit etwas Milch oder Buttermilch angerührt und entweder mit Tomatenmark, geriebenem Rettich, feingeschnittenem eingeweichtem Backobst, Meerrettich, geriebenen Möhren oder frischen Kräutern abgeschmeckt.

Haltern raufgefahren, wir hatten da Verwandte, da konnte man was kriegen. Meist mit dem Fahrrad. Es fuhren zwar Züge, aber das war gefährlich.

Kurz vor Haltern, da ist eine Brücke, die ist heute noch da. Und die war zerbombt, da war kein Geländer mehr dran. Na ja, und die Leute sind auf den Trittbrettern mitgefahren, da saßen und standen oft mehr als im Zug drinnen. Und da hab ich mal erlebt, wie da einer runtergestürzt ist. Da hat sich kein Mensch drum gekümmert, der lag dann da, und der Zug fuhr weiter.

Also mit dem Fahrrad gefahren, 32 Kilometer hin und 32 Kilometer zurück. Und auf dem Weg da hab ich bei der Gelegenheit dann auch Wildkräuter gesammelt.

«An den Bächen», haben mir meine Kusinen gesagt, «da ist Kresse, da kann man herrlich Salat von machen!»

Also habe ich dann Kresse gesammelt. Ich als Großstadtkind hatte ja gar keine Ahnung, wie man so was sucht oder wie das überhaupt aussieht.

Das haben wir dann zu Hause fertig gemacht mit Essig und ein wenig Öl. Herrlich! Bis meine Mutter 'ne dicke Schnecke drin gefunden hat. Da mochten wir keinen Kressesalat mehr.

So verwöhnt waren wir noch bei Kriegsbeginn. Später dann nicht mehr. Da hat man alles gegessen, was man kriegen konnte und irgendwie was drausgemacht.

Zum Beispiel Fett. Fett gab's ja kaum. Und wir haben dann das bißchen Margarine, das wir bekamen, mit Zusätzen, mit Mehl oder Grießmehl oder Ei verrührt. So hat man das gestreckt und versucht zu verbessern. Und wenn man dann so ein wenig Butter hatte und ein bißchen Brot, dann haben wir das immer so gemacht: Auf die letzte Kante vom Brot haben wir dann die Butter gestrichen. Und dann hat man sich, wenn man anfing das Brot zu essen, so gefreut – vorher das hat man trocken gegessen, und das letzte Stückchen war dann schön mit Butter beschmiert, nicht wahr, das hat man dann mit Wonne genossen. Fleisch gab's auch ganz selten. Und wenn es mal eine Fleischzuteilung gab, dann haben wir die aufgespart, so daß dann mal eine Menge zusammenkam, denn mein Vater war ja nicht da. Es waren ja nur meine Mutter und ich. Wir konnten eine Zuteilung beanspruchen.

Und sonst gab's eben Fleischersatz. Bratlinge. Aus allem möglichen. Aus Erbsen, aus Linsen. Zu Brei gekocht. Paniert und dann gebraten. Da war an der Grenze zwischen Gelsenkirchen und Wanne-

„Wat dä Bur nit kennt, dat fritt hei nit!"

Na, versucht's doch mal mit italienischem Gemüse
Einige Ratschläge für die Zubereitung des Fenchel-Gemüses

In Westfalen gibt es ein Sprichwort: „Wat dä Bur nit kennt, dat fritt hei nit!" Es scheint fast so, als ob man dieses Wort immer noch auf die fortschrittlichen Hausfrauen anwenden muß, die doch in den letzten Jahren soviel zulernen konnten und sicherlich auch zugelernt haben. Ein kleines Beispiel dafür ist das italienische Gemüse, das sogenannte Fenchelgemüse, das man in den letzten Wochen auf unseren Märkten und in den Gemüsegeschäften sah. Die Hausfrauen standen davor, erkundigten sich nach den Namen und „so, so, — aus Italien kommt das", und dann gingen sie achselzuckend davon. „Wat dä Bur . . .".

Darum wollen wir der Sache einmal auf den Grund gehen. Schon bei dem Wort „Fenchel" muß uns Hausfrauen etwas einfallen. Wir kennen den Fenchel als Küchenpflanze. Beliebt sind Früchte und Kraut als Gewürz zu Gurken und Sauerkraut. Ebenso ist der Fenchel ein vielerprobtes Heilmittel bei Erkältungen (auch Fenchelhonig!), überhaupt ist er bekannt als verdauungsförderndes und heilendes Mittel bei Mensch und Tier. Das italienische Fenchelgemüse ist eine Abart der uns bekannten Pflanze. Dieses Fenchelgemüse ist in Italien sehr beliebt und beginnt sich allmählich auch in Mitteleuropa einzubürgern. Wir geben den Hausfrauen heute einige Rezepte an, wie sie das Gemüse schmackhaft und abwechslungsreich zubereiten önnen. Dazu noch einen Ratschlag: dies ist ein Beispiel für viele, man soll nie etwas ablehnen, ehe man es wirklich selbst versucht hat!

Fenchel-Gemüse

¾ Klg. Fenchel, 30 Gramm Fett, 40 Gramm Mehl, ¼ Liter entrahmte Frischmilch, Salz, etwas Zitrone. Die Fenchelknollen werden in Viertel geteilt und in etwas Salzwasser weich gekocht. Aus Fett, Mehl, Milch und Gemüsewasser eine helle Tunke herstellen und das Gemüse noch kurz darin durchkochen lassen. Mit Salz und Zitrone abschmecken.

Fenchel-Salat

Die Knollen werden rohgrobgerieben, Stiele und Grün schneidet man ganz fein. Das Ganze wird mit einer falschen Mayonnaise oder einer einfachen Salattunke angerichtet.

Dazu ißt man Bratkartoffeln oder Pellkartoffeln mit Kräutertunke.

Fenchel-Eintopf

¾ Klg. Fenchel, 2 Klg. Kartoffeln, 40 Gramm Fett, 125 Gramm Gehacktes, Salz. Die in Würfel oder Scheiben geschnittenen Kartoffeln werden fast gargekocht. Darauf gibt man die in dicke Scheiben geschnittenen Fenchelknollen, gibt das Fett dazu und läßt alles zusammen gar werden. Aus dem Gehackten Klöße formen und in den letzten 5 Minuten in dem Gericht garziehen lassen. Mit Salz abschmecken. Das feine Grün roh feingewiegt kurz vor dem Anrichten untermengen.

Fenchel-Auflauf

125 Gramm Graupen, ¾ Liter Gemüsebrühe, 20 Gramm Fett oder Speck, 1 Zwiebel, ½ Klg. Fenchel, Salz, Schnittlauch oder Petersilie. Die Graupen in der Flüssigkeit dick aufquellen lassen, mit Salz, Schnittlauch oder Petersilie abschmecken. Die in Scheiben geschnittenen Fenchelknollen mit Fett oder Speck 10 Minuten dünsten. In eine gefettete Auflaufform lagenweise Graupen und Fenchelgemüse geben. Zuoberst müssen Graupen sein. Semmelbrösel überstreuen und 30 Minuten überbacken.

Eickel ein Lebensmittelgeschäft. Mit der Besitzerin waren wir ein bißchen näher bekannt, und da gab es schon mal was extra.

Im Winter 1942 auf 43 bin ich dahin mit meiner Mutter. Durch den Schnee zu Fuß sind wir zu diesem Lebensmittelgeschäft gegangen. Ich war hoch schwanger. Im März 1943 ist meine Tochter geboren.

Wir hatten auch was bekommen, unter anderem auch Erbsen. Zurück sind wir durch die Sophienau gegangen, die Sophienau ist eine alte Bergmannssiedlung mit so runden gepflasterten Straßen.

Nun lag, wie gesagt, Schnee, und es war glatt, und da bin ich hingefallen und hab die ganzen Erbsen über den Weg gestreut. Ja, was machen? Da bin ich auf den Knien gelegen und habe jede einzelne Erbse aufgesucht.

Meine Mutter hat sich aufgeregt und hat gesagt:

«Mein Gott, jetzt ist deinem Kind was passiert.»

Aber ich habe gesagt:

«Das fühlt sich wohl», und habe jede einzelne Erbse wieder schön in die Tüte getan, eher sind wir nicht nach Hause gegangen. Wer würde sich heute wohl bücken wegen einer Erbse?

Ja, 1943 im März wurde meine Tochter dann geboren. Wir hatten damals sehr schwere Luftangriffe auf Gelsenkirchen. Kurz bevor ich ins Krankenhaus mußte, war eine Brandbombe ins Haus neben uns gefallen. Und unser Haus war davon in Mitleidenschaft gezogen.

Da bin ich mit meiner Tochter in die Nähe von Paderborn evakuiert worden. Mitten in einer Bauerngegend, wo die Leute in Überfülle gelebt haben, da habe ich wirklich das erste Mal Hunger gelitten. Wir waren dort ein Nichts. Den Leuten lästig. Wir waren eben nicht aus dem Dorf.

Was heißt Dorf? Sechs Häuser waren das. Und ich wohnte beim Bürgermeister. Das war einer, der körperlich nicht gerade gewachsen war. Und aus diesem Grunde wohl zog er immer mit einem Gewehr durch den Ort, das er an einem Bindfaden festgemacht hatte, und hielt die Leute in Schach.

In dem Dorf war auch ein Polen-, Russen- und Franzosenlager. Und von diesen zwangsverschleppten Menschen, von denen hab ich die beste Freundlichkeit erfahren. Nicht von den deutschen Bauern!

Da bin ich mit allen Dingen, Kinderkleidern, alles, was ich so über hatte, mit meinen persönlichen Sachen, Bettwäsche hin. Das habe ich dann mitgenommen nachts und bin über den Hof an dem Misthaufen, an dem großen Schäferhund vorbeigekrochen und hab dann bei Matka und Genoveva, zwei Polinnen, meine Sachen eingetauscht und kriegte dann ein Stückchen Wurst oder ein bißchen Butter oder ein Stückchen Fleisch. Denn die Zwangsverschleppten waren in diese sogenannte Selbstversorgung eingeschlossen. Die hatten auch nicht viel, aber mehr als wir.

Bei dem Bauern hatte ich ein Stückchen Flur zum Kochen. Da war einfach ein Bretterverschlag gemacht, das war meine Küche. Zum Wasserholen mußte ich in die Küche vom Bauern. Meine kleine Tochter an der Hand und dann in die Großküche. Und wenn die Bäuerin dann die große Speckseite auf dem Tisch hatte, dann sagte meine Tochter:

«Mammi, mach du Peck?»

Da habe ich immer gedacht:

«Mein Gott, sie gibt nicht einmal ein kleines Stück, auch für das Kind nicht.»

Da hab ich mir gesagt:

«Ich will lieber im Kuhstall Wasser holen und im Kuhstall aufs Klo gehen, als daß ich dem Kind zumute, daß es sieht, da ist eine Fülle, und es kriegt davon nichts.»

Die Bauern haben ja auch nichts getauscht. Die hatten alles. Die ha-

Vor der Abfahrt in das schöne Sauerland erteilt die Mutter noch gute Ratschläge und der brave Sohn verspricht sie zu befolgen.

Hübsch der Reihe nach, für jedes Mädel ist Platz in dem bereitgestellten Sonderwagen. Aber Fensterplätze sind natürlich besonders begehrt!

Aus der Arbeit der Partei

Fröhliche Abfahrt in das Sauerland
Die NS-Volkswohlfahrt schickt Ferienkinder auf das Land

Der vorsorglichen und fürsorglichen Betreuung der Jugend hat die Partei von jeher die größte Aufmerksamkeit geschenkt. Eine gesunde Jugend ist der größte Schatz der Nation, und deshalb wurde auch seit Jahren die sogenannte Kinderlandverschickung immer großzügiger organisiert. Es handelte sich dabei um den Aufenthalt erholungsbedürftiger Kinder während der großen Ferien in landschaftlich schönen Gegenden, wo sie in Licht und reiner Luft die blasse Stadtfarbe ablegen und gegen rote oder gebräunte Backen austauschen konnten.

Vier oder sogar sechs Wochen Landaufenthalt können bei schwächlichen Kindern wahre Wunder wirken. Was da im Laufe des Jahres oder während des Winters an gesundheitlichen Schäden den Organismus der jungen Körper befallen hat, das verschwindet mit ziemlicher Sicherheit und wird unschädlich gemacht. Wie eine Kur wirken die Wochen des Ferienaufenthaltes, und gekräftigter und widerstandsfähiger kommen die Jungen und Mädel danach wieder in die Stadt zurück.

Wie gesagt, den Segen dieser Einrichtung hat man in den vergangenen Jahren immer deutlicher erkannt, doch konnte man im Zweifel darüber sein, ob es auch jetzt in der Kriegszeit möglich sein würde, die Kinderlandverschickung durchzuführen. Aber wo ein Wille ist, da findet sich auch ein Weg, und so konnten alle Hindernisse und Schwierigkeiten überwunden werden, und die Ferienkindertransporte rollen auch in diesem Jahre wieder.

ben höchstens noch dafür gesorgt und aufgepaßt, daß wir nicht bei den Polinnen oder bei den Franzosen dann ein bißchen eintauschen konnten. Die haben den Hund nachts losgelassen.

Aber irgendwie haben wir doch gelebt.

Ich bin dann irgendwie draufgekommen und habe mir ein Stückchen von einem Land als Acker umgegraben, ein unbenutztes Stück Land neben dem Schweinestall, das durfte ich mir dann umgraben. Und hab dann selbst, ich als Großstadtkind, natürlich keine Ahnung von Landwirtschaft, Pflanzen besorgt. Ich bin sechs Kilometer weit ins nächste Dorf und zur nächsten Einkaufsstelle. Der Bauer hat uns ja nichts gegeben.

Und dann hab ich selbst angebaut. Ist auch was gewachsen, glaub ich.

Oder ich bin nachts mal über die Zäune geklettert auf die Bullenwiese und hab dann aus den Kuhfladen, die da lagen, mir die Äpfel geholt, die vom Baum da reingefallen waren. So was haben die Bauern ja nicht gegessen. Da hab ich Suppe von gekocht.

Einmal hat die Bäuerin – das war eigentlich keine richtige Bäuerin, die war aus Hamburg und denen hatte der Vater den Hof gekauft – da hat also die Bäuerin eine Dose Fleisch auf den Mist geschmissen. Die war wohl nicht mehr ganz in Ordnung. Und die Katze hat den Kopf in die Dose gesteckt und kam nicht wieder raus.

Da habe ich gedacht:

«Das arme Tier! Was hat das?»

Wie ich die Katze nun von dieser Dose befreit habe, war da noch ein wunderschönes Stückchen Fleisch in der Dose.

Da habe ich dann Wurzeln zu gekocht und habe alle meine Bekannten eingeladen, und wir haben herrlich Wurzelgemüse mit Fleisch gegessen. Das war ein Festessen!

Schwierig war es mit der Milch. Des Kindes wegen. Man mußte schon schauen, daß man was bekam. Die Zuteilung hat ja nicht gereicht. Übrigens haben die Bauern uns auch keine Milch freiwillig gegeben. Die haben die Buttermilch zum Schürzenstärken gebraucht. Und wie ich mal darum bat, wenigstens ein bißchen Buttermilch zu bekommen, da hat der Bauer gemeint:

«Erst müssen die Schweine versorgt werden und dann, was übrigbleibt, das können Sie kriegen!»

Ist natürlich nichts übriggeblieben!

Ja, da ist schon mal Haß hochgestiegen in einem, aber hinterher hab ich gedacht, er weiß es nicht besser. Und wenn man so lebt, das bleibt nicht unbestraft. Ich weiß noch, wie er Angst gekriegt hat, als die Auflösung dann kam, um seinen Hof. Angst vor den Zwangsarbeitern. Da hat er sich nicht mehr aus dem Haus getraut. Nur noch mit seinem Gewehr hinterm Fenster gehockt und die Lager beobachtet.

Dann hat er die Schweine abgeben müssen und die Hühner abgeben müssen, das ganze Vieh. Und da hab ich ein Huhn immer so angelockt und hab das Huhn mitgenommen.

Jetzt wußte ich das ja nicht totzumachen. Ich konnte ja kein Huhn und kein Tier schlachten. Dann habe ich das Huhn im Rucksack, den Kopf oben raus, per Bahn nach Gelsenkirchen gebracht. Und wie wir aufmachten, da war in dem Rucksack schon ein Ei. Das war für mich wie ein Zeichen, daß der Krieg bald zu Ende sein würde.

Reichseinheitliche Hochzeitskarten
Neuerung für die festlichen Sonderrationen

Der Reichsernährungsminister hat die Verteilung von Zusatz-Lebensmittel für Hochzeiten ergänzt und vereinfacht. Es wird eine reichseinheitlich gültige Zusatz-Lebensmittelkarte für Hochzeiten eingeführt, die Bezugsabschnitte für alle in Betracht kommenden Sonderzuteilungen in der festgesetzten Menge enthält. Unter Zusammenfassung der bisherigen Vorschriften und ergänzend bestimmt der Minister folgendes: Für Familienfeiern als Anlaß von Hochzeiten, und zwar Trauungen, Silberne, Goldene, Diamantene und Eiserne Hochzeiten werden je Person bis zu einer Höchstzahl von insgesamt 12 Personen folgende Sonderzuteilungen bewilligt: 150 Gr. Fleisch oder Fleischwaren, 50 Gr. Butter oder Margarine oder 40 Gr. Speiseöl (keine Schweineschlachtfette), 200 Gr. Brot oder 150 Gr. Mehl, 50 Gr. Nährungsmittel, 100 Gr. Zucker, 25 Gr. Kaffee-Ersatz und 1 Ei.

Juden, Polen und Zigeuner sind von der Bewilligung der Sonderzuteilungen ausgeschlossen. Die Zuteilung hat durch Aushändigung von Lebensmittel- und Reise- und Gaststättenmarken oder Aushändigung von Berechtigungsscheinen zu erfolgen. Die Ernährungsämter werden aber ermächtigt, statt dessen die neue Hochzeitskarte auszugeben. Diese Hochzeitskarte für zusätzliche Lebensmittel besteht aus einem Stammabschnitt und Einzelabschnitten. Es sind Karten für zwei und für drei Personen vorgesehen: Aus diesen beiden Karten werden die beantragten Mengen bis zur Höchstzahl von 12 Personen zusammengestellt. Um Doppelzuteilungen zu vermeiden, wird die Ausgabe der Hochzeits-Lebensmittel auf der Aufgebotsbescheinigung oder, bei Kriegstrauungen, einer entsprechenden Bescheinigung vom Ernährungsamt vermerkt. Zuständig für die Hochzeitssonderrationen ist das Ernährungsamt des Ortes, an dem die standesamtliche Trauung stattfindet. Das gilt auch, wenn die Feier an einem anderen Ort erfolgen soll. Bei Silbernen, Goldenen, Diamantenen und Eisernen Hochzeiten wird die Zuweisung der Hochzeitsfeierrationen auf der Eheschließungs- oder Trauungsurkunde bescheinigt. In diesen Fällen ist das Ernährungsamt des Ortes zuständig, an dem die Jubilare ihren ständigen Aufenthalt haben. Den Ernährungsämtern ist es untersagt, Sonderzuteilungen aus Anlaß anderer Familienfeiern, wie z. B. Kindtaufen, Primizen, Firmungen, Beerdigungen usw. zu gewähren. Die Verteiler haben die Abschnitte der Zusatz-A-Lebensmittelkarten für Hochzeiten, gegebenenfalls nach näherer Weisung der Ernährungsämter, zusammen mit den übrigen Bedarfsnachweisen der gleichen Warenart bei den Ernährungsämtern abzurechnen.

Die Abschnitte der „Hochzeitskarten" verlieren ihre Gültigkeit zum Warenbezug zwei Wochen nach dem Ausgabetag. Die Entgegennahme abgetrennter Abschnitte ist den Verteilern verboten.

Soll die Tochter heiraten?

„Nee, nee, liebe Frau Schulze, meine Trude ... die heiratet nicht!"

Frau Ungewitter stemmte bei diesen Worten ihre Arme über die Hüften, als wollte sie in dieser Abwehrstellung einen anrollenden Panzerangriff erwarten.

„Tja, warum denn nicht?" fragte Frau Schulze verwundert. „Ist sie ihrem Rudi nicht mehr gut? Will sie ihn nicht mehr?"

„Ich ... Was die Liebe betrifft ... Da ist alles in bester Ordnung! Die Trude will ja auch. Aber ich will nicht!"

Frau Schulze schüttelte den Kopf. „Das verstehe ich nicht, Frau Ungewitter. Der Rudi ist so schneidiger Soldat! Ist doch jetzt Unteroffizier geworden, nicht?"

„Ist ja alles richtig", nickte Frau Ungewitter. „Aber so ohne Möbel heiraten? Gibt's ja gar nicht!"

„Nun machen Sie aber einen Punkt, Frau Ungewitter!" sagte Frau Schulze fast ungemütlich. „Die Möbel machen doch die Seligkeit nicht aus! In der heutigen Kriegszeit, wo jedes Stück Holz, jede Schraube für den Sieg bereitgestellt werden muß ... Da richtet man sich eben nun ein!"

„Tja, und wie ist's mit der Wohnung? Eine Ehe ohne Nest? Wie stellen sie sich das vor, Frau Schulze?"

Auch hierin wußte Frau Schulze Rat.

„Wenn das eine Mutter fragen würde, die selbst nur Stube und Küche hat! Aber Sie mit Ihren drei schönen, großen Zimmern? Trude wird doch bei Ihnen miteinziehen, Frau Ungewitter! Der Rudi geht doch nach dem Heiratsurlaub wieder ins Feld zurück. Und wenn der Krieg siegreich beendet ist dann sieht die Sache ganz anders aus! Dann bekommt Ihre Trude Möbel, und die Wohnung wird auch bald da sein. Und stellen Sie sich mal vor, Frau Ungewitter, S—i—e als Oma! Ich wäre stolz auf ein Enkelkindchen!"

Frau Ungewitter lächelte, und in dem Lächeln lag nichts mehr von eiserner Abwehr. Im Gegenteil ... Was Frau Schulze vorgeschlagen hatte, das leuchtete Frau Ungewitter ein. Am Nachmittag hatte sie eine Rücksprache mit Trude, und die schrieb sofort einen dicken Feldpostbrief an Rudi, und ...

Wer weiß, vielleicht ist in allernächster Zeit Kriegstrauung! Zinn.

Brot ist kein Kaninchenfutter!

Wer Nahrungsmittel an Kleintiere verfüttert, hilft dem Feinde

Wie in der Kriegszeit 1914—1918 hat auch in diesem Kriege die Kaninchenhaltung wieder eine starke Ausdehnung erfahren, insbesondere in den Städten. So begrüßenswert diese Tatsache an sich ist, weil das Kaninchen ein ausgezeichneter Abfallverwerter ist, so birgt die Haltung einer allzu großen Zahl von Kleintieren doch gewisse Gefahren in sich. Nur allzuoft werden Abfälle und sonstige Futtermittel nicht zur Ernährung der vorhandenen Tiere aus; dann aber wird vielfach auf für den Menschen geeignete Nahrungsmittel, vor allem Speisekartoffeln, Gemüse aller Art, Brot, Haferflocken usw., zurückgegriffen.

Jeder Kleintierhalter, der dies tut, muß sich darüber klar sein, daß er dadurch die zur Ernährungssicherung getroffenen Maßnahmen sabotiert. Jeden Anspruch auf eine ausreichende Belieferung mit Speisekartoffeln und Gemüse verliert und mit Schuld an etwaigen Verknappungserscheinungen trägt.

Daraus ergibt sich zunächst die Forderung, die Kleintierhaltung, insbesondere die Kaninchenhaltung, den zur Verfügung stehenden ausgesprochenen Futtermitteln, also besonders den Abfällen, anzupassen. Das Kaninchen kann nämlich zum großen Teil von Abfällen leben, ja, es verwertet auch solche Abfälle und Futtermittel, die für die Ernährung anderer Haustiere gar nicht in Frage kommen. Das kommt auch der Forderung dieser Kriegszeit entgegen, wirklich alles noch irgend einer Verwertung zuzuführen. Es genügt, wenn die Tiere etwas Heu sowie Gemüseabfälle und Kartoffelschalen erhalten. Die Kartoffel-

schalen werden roh gekocht oder gedämpft mit einem Zusatz von Salz gereicht. Gut getrocknete und in Säcken aufbewahrte Kartoffelschalen sind auch ein gutes Mastfutter. Das Trocknen erfolgt bei großem Anfall in der Bratröhre. Die getrockneten Schalen dürfen nicht angebrüht werden, sondern sind gleich so zu verfüttern.

Auf Heu, gegebenenfalls auch gutes Futterstroh, können die Kaninchen allerdings niemals verzichten. Wir haben leider keine Aussicht, Klee-, Luzerne- oder Wiesenheu zu bekommen, da dieses für die Pferde der Wehrmacht gebraucht wird. Deshalb müssen alle Möglichkeiten der Eigengewinnung von Heu ausgenützt werden. Wenn es das Wetter erlaubt, kann man noch etwas Grünfutter, wie Rosenkohlblätter und -strünke sowie die Strünke von Grün- und Markstammkohl, zufüttern, doch muß auch der Kohl erst aufgetaut sein. Markstammkohl sollte in viel stärkerem Maß als bisher angebaut werden, denn er gibt bis in den Winter hinein ein saftiges Grünfutter. Die Strünke können eingefaltert werden; sie liefern ein vorzügliches Winterfutter.

Die Auswahl an Futtermitteln für die Kaninchen ist also recht groß, so daß es bei entsprechender Futtervorratswirtschaft und vernünftiger Begrenzung der Kaninchenhaltung überhaupt nicht nötig ist, Speisekartoffeln, Gemüse oder Nährmittel an die Kaninchen zu verfüttern. Jeder Kaninchenhalter aber, der dies dennoch tut, hilft dem Feind bei seinem Bestreben, das deutsche Volk auszuhungern.

Kontrollen über die Kleintiere

Nach dem 1. Januar gibt es keine Ausnahme mehr von der verfügten Regelung

Von maßgebender Stelle wird nochmals auf den 31. Dezember 1944 als Stichtag hingewiesen, an dem die Kleintierhalter ihren Bestand an Gänsen, Enten, Truthühnern, Perlhühnern und Kaninchen auf die zulässige Höchstzahl an Zuchttieren herabgesetzt haben müssen. Die Züchter dieser Kleintierarten, d. h. also diejenigen, die bisher Zuchttiere gehalten und selbst Junge daraus gezogen haben, dürfen nur noch Zuchttiere und keinerlei andere Tiere der genannten Art nach dem Stichtag mehr haben. Die Halter dieser Kleintiere, also diejenigen, die bisher nicht selbst gezüchtet, sondern Jungtiere gekauft und aufgezogen haben, dürfen am 31. Dezember keine Kleintiere der entsprechenden Art mehr besitzen. Schlachttiere, die der Kleintierhalter nach der bestehenden Regelung selbst verwerten darf, muß er bis zum 31. Dezember 1944 verwertet haben. Die überzähligen Kleintiere, die er nicht selbst verwerten darf, müssen bis zu dem Stichtag an die vom Milch-, Fett- und Eierwirtschaftsverband bestimmte Stelle abgeliefert sein.

Es gibt keinerlei Ausnahme. Insbesondere sind auch nicht schlachtreife Tiere und noch nicht ausgewachsene Tiere abzuschaffen. Wo vereinzelte Kleintierhalter eine Umgehung der Anordnung dadurch versucht haben, daß sie ihre überzähligen Tiere an solche Kleintierhalter ausgeliehen haben, die unter der für sie erlaubten Zahl blieben, machen sich beide Kleintierhalter strafbar. Die

in Frage kommenden Tiere sind in derartigen Fällen beschlagnahmt und eingezogen worden. Auch diejenigen, die Zuchttiere über den 31. Dezember hinaus halten, machen sich strafbar.

Die Arbeitsausschüsse bei den Kreisbauernführern und die örtlichen Ausschüsse sind angewiesen worden, nach dem 1. Januar 1945 Kontrollen durchzuführen. Jeder, der mehr Kleintiere hält, als er halten darf, muß mit Bestrafung und Beschlagnahme der überzähligen Kleintiere rechnen. Die Hühnerhaltungen haben ihre Bestände auf den Umfang zurückzuführen, den sie am 3. Dezember 1943 hatten. Die Kleintierhaltung, die sich in den durch die Anordnung gesteckten Rahmen einfügt, ist groß genug, um demjenigen, der die Futtergrundlage für die Tiere hat und der sich die Arbeit mit den Kleintieren machen will, eine zusätzliche Versorgung zu geben. Wer sich darüber hinaus auf Kosten der Allgemeinheit eine noch bessere Versorgung verschaffen wollte, müßte auch hier zur Rechenschaft gezogen werden.

Staatsstreich in der Westentasche. Die spanische Handelskammer in Paris war am Montag Schauplatz eines Staatsstreiches in Westentaschenformat, berichtet Associated Preß in „Stockholms Tidningen" aus Paris. Rotspanier, die bis 1939 an der Handelskammer angestellt waren, stürmten die Lokale und nahmen sie in Besitz. Die spanische Botschaft ersuchte sofort die französische Regierung um Hilfe, um die Rotspanier wieder hinauszuwerfen.

Tran und Helle

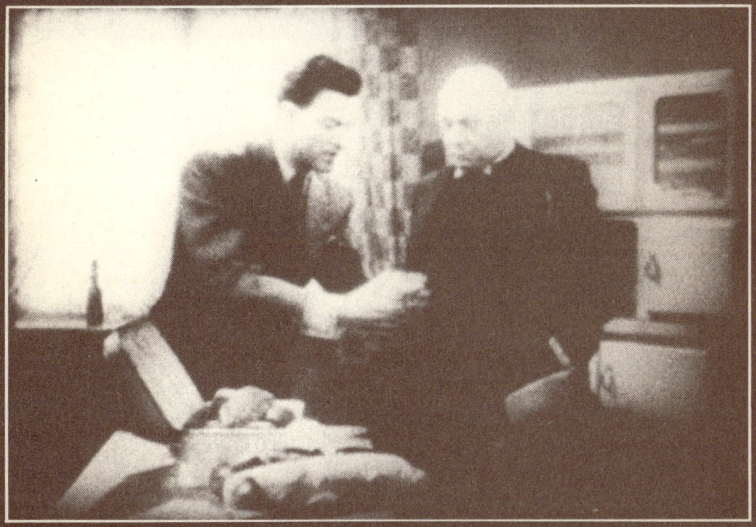

Der folgende Filmspot stammt aus dem Jahre 1940 und wurde zusammen mit der Wochenschau Nr. 520 gezeigt. In gleicher Besetzung traten die beiden Schauspieler Schmitz und Hussels übrigens nach dem Krieg, wenn auch mit vollkommen anderer propagandistischer Zielsetzung, auf.

Der Filmspot ums Brot war unter dem Stichwort «Kampf dem Verderb» Teil einer großangelegten Aktion des Reichsnährstandes «Blut und Boden».

Helle (Jupp Hussels) steht in einer
Wohnküche. Er hält einen harten
Brotkanten in der Hand und
schlägt damit gegen den Rand
einer Schüssel, in der noch mehr
altbackenes Brot liegt.

Er schüttelt den Kopf.

Helle:
Na, das ist ja toll!

Tran (Ludwig Schmitz) betritt
die Küche. Er kommt vom Einkaufen nach Hause. Unter den
mitgebrachten Lebensmitteln ist
auch ein frisches Brot.

Tran:
Aaah!

Helle:
Aha!

Tran:
Tag, Jupp!

Helle:
Tag, Ludwig! Wo warst du so
lang!

Tran packt eine «Unmenge» Lebensmittel auf den Küchentisch.

Tran:
Och... ich hab nur 'n paar Kleinigkeiten besorgt...

Helle lacht.

Helle:
«Kleinigkeiten» ist gut!

Tran:
Ja... aber nicht gehamstert...

Helle: (skeptisch)
Na, na, na!?

Tran:
Nee! Alles ehrlich. Auf Abschnitte.

Helle:
So?

Tran:
Die Marken laufen doch sonst ab.

Helle entdeckt das frische Brot.

Helle:
Aha!

Tran:
Wie «aha»?

Helle:
Hast wohl wieder sinnlos drauf-
losgekauft, ohne nachzudenken,
was?

Tran:
Ich kann doch die Karten nicht
verfallen lassen.

Helle:
Na ja, ist immer das alte Lied: Lieber die Marken verrenken – äh –
den Magen verrenken...

Tran:
Und du nutzt wohl deine Marken
nicht aus...!?

Helle:
Ja, aber selbstverständlich!

Tran:
So!

Helle:
Aber ich kaufe immer nur das,
was ich im Moment brauche und
nicht mehr.

Tran:
Ja. Du!... Du!... Aber ich brauche es doch.

Helle zeigt Tran das altbackene
Brot.

Helle:
Ja. Du, du brauchst es doch!

Helle:
Hier. Hier, hier! Was ist das hier?

Tran: (unschuldig)
Brot.

Helle klopft mit einem Brotkanten wieder gegen den Schüssel-
rand.

Helle:
Ja. Brot!!

Helle:
He? Was ist das??

Tran:
Ja, ja, vielleicht liegt es ein bißchen lang...

Helle wirft das Brot in die Schüssel zurück.
   Tran macht ein ärgerliches Gesicht.

Helle:
Ja! Ein bißchen zu lange!!

Tran:
Ich brauch das Brot aber doch!

Helle:
So? Wofür denn?

Tran: (überlegt)
Ja. Für...

Helle versteht nicht.

Helle:
Was?

Tran: (schnell)
Für Brotsupp!

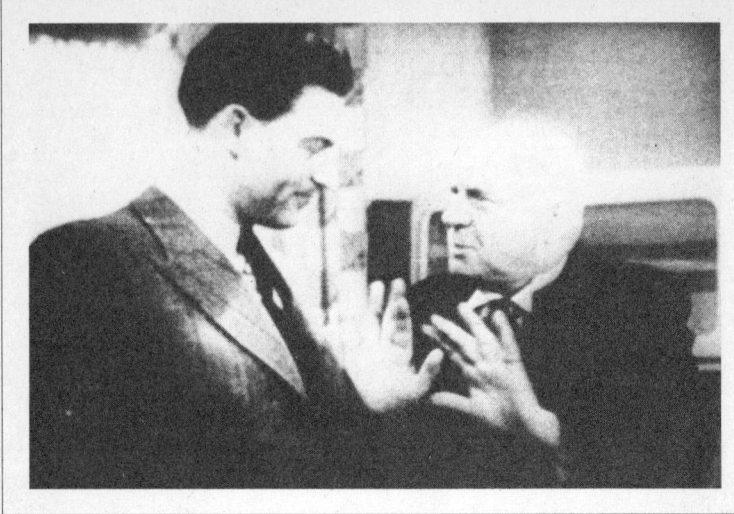

Helle:
Für Brotsupp! So!! Du siehst auch gerade nach Brotsuppe aus! Du!

Tran: (scheinheilig)
Ja. Ich eß aber gern Brotsupp!

Helle:
Ach, seit wann denn?

Tran:
Seit jetzt. Ach, ich sage dir, so ein leckeres Brotsüppchen, das ist ein Delikateßchen!

Helle:
Ja, sag mal, dann tust du ja zum erstenmal etwas Vernünftiges!?

Es klopft an der Küchentür.

Tran:
Herein!

Ein kleiner Junge betritt die Küche. Er hebt die Hand zum «deutschen» Gruß. Hinter Helles Rücken macht Tran verzweifelte Gesten, um den Jungen am Reden zu hindern.

Der Junge streckt Tran einige Eier hin. Helle schaut vom Jungen auf Tran und wieder zum Jungen hin. Er versteht nicht.

Junge:
Heil Hitler!
   Schönen Gruß von meiner Mutter! Hier sind die Eier, und ich soll das trockene Brot abholen!

Helle:
Was? Trocknes Brot? Wofür denn?

Junge:
Ja, für die Hühner!

Helle verschlägt es die Sprache.

Helle:
Das ... für ... für die ... Was?

Junge:
Das hol ich doch jede Woche ab! Und dafür kriegt Herr Schmitz die Eier.

Helle:
... die Eier!

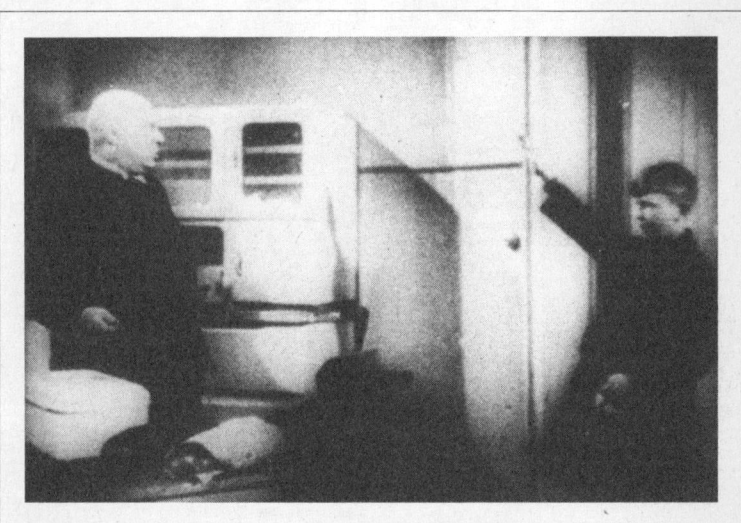

Helle versteht. Er schaut Tran strafend an. Der senkt schuldbewußt den Blick. Helle macht einen Schritt auf den Jungen zu.

Der Junge hebt die Hand zum «deutschen» Gruß und verläßt mit den Eiern in der Hand die Küche.
Helle blickt Tran von oben bis unten an.

Helle:

Also, mein Junge, nimm die Eier mal schön wieder mit zurück. Der Herr Schmitz ißt von jetzt an sein Brot selber. Heil Hitler!

Junge:

Heil Hitler!

Helle:

'nAbend. Herr Brotsupp! Man darf doch kein Brot verfüttern! Wir müssen doch mit unseren Vorräten haushalten! Wo kommen wir denn da hin!?
Kampf dem Verderb!
Und jetzt erst recht.

Die Hausfrau im „Kampf dem Verderb"

Die Mahlzeiten

Es ist erfreulich, daß wir auf manchem Gebiet wieder auf die guten Gewohnheiten unserer Vorfahren zurückkommen, die in vielem bescheidener und damit vor allem gesünder lebten. Eine richtige Morgenmahlzeit ist für die Leistungsfähigkeit des ganzen Tages ausschlaggebend; das trifft besonders für die Kinder und die heranwachsende Jugend zu. Ein hastig heruntergeschludeter dünner Kaffee und ein noch warmes Brötchen sind dem Körper natürlich weniger zuträglich als ein kräftiges Morgenmahl mit einer sättigenden Suppe als Grundlage. Für den Berufstätigen gilt dasselbe. Abgesehen von dem gesundheitlichen Wert, ist eine solche warme Kost immer billiger als eine reine Brotmahlzeit.

Das gilt natürlich auch für das Abendbrot. Eine warme Abendkost kann abwechselungsreicher und damit bekömmlicher sein. Es ist der Stolz der Hausfrau, durch vielseitiges Kochen ihrer Familie das Essen zu einer Freude zu machen. Dazu bietet eben die warme Mahlzeit die beste Möglichkeit. Sie ist zudem billiger und meist nährstoffreicher. Als Grundlage solcher Ernährung kann dadurch das andere Hauptnahrungsmittel der Deutschen, die Kartoffel, in ihrer Vielseitigkeit herangezogen werden.

Brot soll nie ganz frisch gegessen werden.

Ganz abgesehen davon, daß das frische Brot sehr schwer verdaulich ist, ist dessen Verzehr wirtschaftlich eine Verschwendung, denn man ißt im Verhältnis mehr davon. Es „schneidet sich im Nu weg". Durch die Hände der Hausfrau, besonders wenn sie eine große Familie zu versorgen hat, gehen täglich Dutzende von Schnitten. Aber die Hausfrau darf nicht aufs Geratewohl eine beliebige Anzahl Scheiben abschneiden, sondern muß sich als sparsame Wirtschafterin überlegen, wieviel sie zu den einzelnen Mahlzeiten braucht, damit auch alles aufgegessen wird. Um Trockenwerden auf jeden Fall zu verhindern, ist geraten worden, die Scheiben nicht vor der Mahlzeit abzuschneiden, sondern den ganzen Brotlaib auf den Tisch zu bringen. Manche Scheibe kann dadurch erspart werden.

Brot ist kein Tierfutter.

Bleibt trotzdem einmal etwas übrig, so hebt sie es sorgsam auf, um es zu einer anderen Mahlzeit wieder zu verwenden. Sie weiß, angeschnittenes Brot, wie überhaupt jedes Brot, bewahrt man am besten in einer Brotbüchse (mit Luftlöchern) oder einem Steintopf mit Deckel in einem kühlen Raum auf. Sind einmal Reste vorhanden, so wird sie auch diese zweckmäßig verwenden. Kampf dem Verderb ist heute für jeden eine selbstverständliche Pflicht geworden.

Doch noch viele haben den eigentlichen Sinn und die Bedeutung dieser Mahnungen nicht richtig erkannt, denn sonst könnte es nicht mehr vorkommen, daß eine tüchtige Hausfrau wertvolle Brotstücke in den Abfalleimer tut oder an die Hühner verfüttert. Mit dem Ausspruch: „Ich werfe ja nichts fort, das Vieh bekommt es ja", wird man oftmals dieses Handeln entschuldigt. Das ist aber nicht nur für den einzelnen unwirtschaftlich, sondern auch vom volkswirtschaftlichen Standpunkt aus zu verurteilen. Um dieser Vergeudung Einhalt zu gebieten, wird jetzt sogar die Verfütterung des Brotes, auch beim Verbraucher, bestraft. Das Vieh soll mit Futter gefüttert werden.

Brotreste.

Trocken gewordene Brotstücke müssen sorgfältig, am besten in Mullbeuteln hängend, aufgehoben werden. Zu gegebener Zeit können daraus allerlei wohlschmeckende Gerichte entstehen. Eine findige, stets für Abwechselung sorgende Hausfrau wird einmal einen Auflauf, eine Suppe, einen Pudding oder eine kalte Speise daraus herstellen oder den Brotrest zum Dicken der Bratensoße nehmen. Doch wäre es grundverkehrt, sich eine Sammlung von altem Brot anzulegen, bloß weil die eine oder die andere Nachspeise den Kindern besonders gut schmeckt. Es sollte jeder so sparsam wie möglich mit dem Brot umgehen, um dadurch recht wenig Reste zu haben.

Auch muß mit der alten Gewohnheit mancher Hausfrau aufgeräumt werden, nämlich mit der Verwendung von Brot zum Reinigen von Kleidern, Möbeln oder Tapeten. Die chemische Industrie stellt genug Mittel her, die statt dessen oder vielmehr besser als Brot für diese Zwecke verwendet werden können. Die Achtung vor dem Brot sollte jedem eine selbstverständliche Pflicht sein und ihn dazu bewahren, daß Brot zu anderem als zur menschlichen Ernährung zu verwenden.

Schulfrühstück.

Und nun zu einer Unsitte, die bei vielen Jugendlichen schon fast zur einer Gewohnheit geworden ist: das Fortwerfen von Brotschnitten. Achtlos werden sie von den Schulkindern während der Pause in den Papierkorb oder Mülltasten getan oder auf Fahrten an den Straßenrand geworfen. Das Verbot durch die Eltern oder die Schule genügt dabei nicht, wenn die Achtung vor der Heiligkeit des Brotes nicht schon frühzeitig in der Jugend geweckt wird. Die Kinder müssen es als Sünde empfinden, Brot fortzuwerfen. Durch Schulungsabende in der HJ. oder belebrende Vorträge in der Schule wird die erzieherische Arbeit der Eltern darin

Not bricht Eisen

Martha Sladek wurde 1903 geboren. Sie besuchte die Volksschule und erhielt keine Ausbildung.

Sie heiratete 1926 einen Bergmann und hat fünf Kinder. Heute wie damals lebt sie in einer Bergmannssiedlung in Recklinghausen-Hochlarmark.

Also ich glaube ja, der Erste Weltkrieg war schlimmer als der Zweite. Im Ersten haben wir gehungert, und im Zweiten war alles schön eingeteilt, auch das Hungern.

Die erste Zeit ging es ja, aber dann...

Mein Mann ging auf die Zeche. Arbeiten. Und die Bergleute hier im Ruhrgebiet, die hatten dann oft ein Stück Land dabei. Aber die in der Stadt wohnten, die waren arm dran.

Wir haben uns dann schon beholfen. Wir hatten etwas Land, wir hatten Vieh. Wir haben uns Schweine gehalten...

Aber dann, wenn wir geschlachtet hatten, mußten wir nach der Waage. Und dann wurde abgewogen. Und das wurde dann abgezogen. Je mehr Schweine man besaß, desto weniger Fleisch kriegte man über Lebensmittelmarken. Ich hab mal drei Schweine gehabt, als Ferkel hatte ich die gekauft. Aber ich hab nur eins angemeldet.

Und die haben sich wirklich schön gemacht. Nur – alle drei konnte ich nicht mehr halten, und zum Schlachten waren die ja noch nicht.

Da war die Nachbarin, und die wollte eins abkaufen. Jetzt mußte man dafür einen Schein haben, einen Kaufschein. Wie ich nun auf dem Amt den Schein hol, sag ich:

«Ich wollt ein Schwein verkaufen!»

«Ja, wie?» sagt der dort. «Haben Sie denn zwei Schweine? Sie haben ja bloß eins angemeldet!»

Sag ich:

«Da sehen Sie mal, wie ehrlich ich bin. Ich hab das eine angemeldet, und das andere wollt ich ja nicht behalten, deswegen hab ich es auch nicht angemeldet!»

Da kriegte der die Wut.

«Ja», sagte der – der sprach so etwas Polnisch –, «lesen Sie denn nicht die Zeitung?»

Der holte die raus und da stand, daß man alle Schweine, die man hatte, melden mußte.

Da sag ich:

«Da hab ich gar keine Zeit für – Zeitung lesen. Morgens, da gehe ich um sechs nach dem Garten und vor achte komme ich wieder nach

Hause, und dann muß ich die Kinder in die Schule schicken und Essen machen, da komm ich nicht zum Zeitunglesen.»

Ich hab mich dumm gestellt. Und der in seiner Wut gibt mir also den Schein, und ich konnte gehen.

Der dachte wohl:

«Dich kriege ich sowieso!»

Aber ich bin erst mal zu dem Schweinehändler gegangen und hab gefragt, wie teuer die Schweine sind, in dem Alter. Dann sind wir nach der Waage gegangen und haben wiegen lassen, weil – die Nachbarin mußte mir das ja pfundweise bezahlen.

Dann mußten wir wieder hin. Und die Nachbarin, die kriegte Angst und war am Zittern.

«Brauchst gar nicht zittern, Dir passiert gar nichts!»

Aber ich wußte ja nicht, was mit mir wird. Denn der auf dem Amt dachte doch sicher, ich würde vielleicht alles verkehrt angeben.

Aber das stimmte nun alles schön. Da hat sie das eine angemeldet, und ich habe es abgemeldet. Da konnte der nichts machen, und da hat er wieder Wut gehabt.

Da sagte er:

«Nächstens wissen Sie, daß Sie kein Schwein haben dürfen!»

Dabei hab ich ja noch eins im Stall drinnen gehabt, und das war gar nicht gemeldet.

Und mein Mann sagte schon immer:

«Du machst wat...»

Und ich:

«Du sollst dich da gar nicht dran stören!»

Eins von den beiden Schweinen haben wir dann schwarz geschlachtet. Das war ja gefährlich. Meinen Mann, den hätten sie eingesperrt, der wäre gar nicht mehr wiedergekommen.

Aber so konnte er sagen:

«Was meine Frau gemacht hat, das weiß ich nicht!»

Mich hätten sie ja können einsperren. Ist aber nichts nachgekommen. Mein Vater, der war ja Schlachter und mein Bruder auch. Und wir hatten Nachbarn, die haben ein Auge zugedrückt.

Wir hier in der Siedlung, wir waren uns überhaupt einig. Und ich kann nicht sagen, daß einer den anderen angeschmiert hat.

Aber da war eine Familie, das war auf der Robertstraße, die hatten ein Schwein gehabt und nicht angemeldet. Da hat die eigene Mutter – die hat oben im Haus gewohnt – den Sohn angezeigt, daß er ein

Todesstrafe für einen Kriegswirtschaftsverbrecher

Jahrelang die Heimatfront sabotiert — 16 Schwarzschlachtungen — Wucherpreise

Paderborn, 9. Aug. Das Bielefelder Sondergericht hatte sich hier mit einem besonders üblen Kriegswirtschaftsverbrecher und seinen Helfershelfern zu befassen. Der Hauptangeklagte, Josef Herboldt aus Borgentreich (Kreis Warburg), der bereits wiederholt vorbestraft war, fing schon bald nach Verbüßung der letzten Strafe, der er wegen der Schwarzschlachtung von drei Kälbern und zwei Schweinen erhalten hatte, wieder an, am laufenden Bande

Schweine und Kälber schwarz zu schlachten.

Insgesamt konnte ihm die Schwarzschlachtung von sieben Schweinen, acht Kälbern und einem Schaf nachgewiesen werden, die er in den Jahren 1941 bis 1943 vorgenommen hatte. Die hemmungslose verbrecherische Energie dieses Kriegswirtschaftsverbrechers ging besonders daraus hervor, daß er nach seiner Verhaftung Kassiber aus dem Gefängnis zu schmuggeln versuchte, in denen er seine Helfer, die sich zum Teil noch auf freiem Fuß befanden, aufforderte, nur nicht mit den Schwarzschlachtungen aufzuhören. Das Fleisch verkaufte er unter Ausnutzung der Kriegsverhältnisse zu Ueberpreisen, soweit er es nicht selbst verbrauchte. Außerdem trieb er einen Geflügelhandel zu Wucherpreisen und tauschte Geflügel gegen andere verknappte Waren ein. Seine Haushälterin Alwine Haefner und seine Tochter Anneliese wirkten bei seinem verbrecherischen Treiben mit oder halfen ihm dabei.

Das Sondergericht verurteilte den Angeklagten Josef Herboldt zum Tode. Die Angeklagte Haefner erhielt zwei Jahre Zuchthaus und die Angeklagte Anneliese Herboldt ein Jahr Gefängnis.

Schieber und Volksschädlinge ins Zuchthaus

Errafftes Geld wird als Strafe eingezogen

Dortmund, 9. Aug. Das Sondergericht in Dortmund verhandelte in dreitägiger Sitzung gegen den Metzgermeister und Großküchenbesitzer Richard Wagner aus Bradel und den städtischen Tarifangestellten Karl Schneider aus Dortmund. Wagner hatte aus kleinsten Anfängen heraus einen Großküchenbetrieb aufgezogen und die Belieferung von Lägern und Baukolonnen mit Essen übernommen. Dabei hatte er monatelang Verpflegungsteilnehmer die ihnen zustehende Margarine vorenthalten, außerdem aber große Mengen Fleisch und Margarine beiseitegeschafft, diese zum Teil auch an Geschäftsfreunde und Bekannte verschoben. Ein größeres Lager verschobener Waren unterhielt er im Hause seiner Eltern in Lübinghausen. Infolge des schlechten Essens war es den russischen Arbeitern nicht möglich, ihre Arbeit zu verrichten. Der Angeklagte Schneider unterließ es als Vertreter des Luftschutzbauamtes, dem die Läger zum Teil unterstanden, gegen Wagner einzuschreiten und für ein ordnungsmäßiges Essen zu sorgen.

Das Sondergericht brandmarkte die beiden Angeklagten, die gleichzeitig auch durch Lieferung des mangelhaften Essens die Stadt Dortmund betrogen haben, als Volksschädlinge und verurteilte Wagner zu vier Jahren Zuchthaus, Schneider zu einem Jahr sechs Monaten Zuchthaus, beide Angeklagte zu zeitlicher Ehrverlust. Wagner außerdem zu 50 000 RM. Geldstrafe und untersagte ihm ferner die Führung eines selbständigen Metzgerei- und Großküchenbetriebes auf die Dauer von fünf Jahren.

Todesstrafe für einen Unverbesserlichen

Essen, 9. Aug. Der Angeklagte Anton Bichl, der als Volksschädling und gefährlicher Gewohnheitsverbrecher vor dem Essener Sondergericht stand, war zwölfmal vorbestraft, darunter elfmal wegen Diebstahls. Schon mit 17 Jahren straffällig geworden, hat er seine besten Mannesjahre zum größten Teil in Strafanstalten verbracht. Im Januar dieses Jahres kam in sein hiesige Revier, erhielt seine Unterkunft in Essen-Steele und wurde einem Essener Schreinermeister zur Beseitigung von Bombenschäden zugewiesen. In verschiedenen Essener Häusern, wo er zur Schadensbefestigung arbeitete war*und die zum Teil von den Bewohnern vorübergehend geräumt worden waren, hat der Angeklagte gestohlen, was ihm vor die Augen kam: Bekleidungsstücke, Uhren, Handtaschen, Fahrradbestandteile, elektrische Leitungen, Steckdosen, Sicherungen und Hausgerät, vom Lampenschirm bis zum Teelöffel. In einem Hause stahl er der Straßenbahnlinie 6 an der Cäcilienstraße ausstieg, nahm er einen Koffer mit, den eine Frau, die im Wagen saß, auf die vordere Plattform gestellt hatte. Der Koffer enthielt Frauenbekleidungsstücke. Kleiderkarten und Bezugscheine. Nebenher stahl Bichl seinem Arbeitgeber auch noch fortgesetzt Werkzeuge und Material. Mittels gestohlener Kleidung neu eingekleidet, ging Bichl dann zunächst unter Umgehung aller Zugkontrollen über Oberhausen zu Fuß nach Köln, stieg erst dort in einen Zug und fuhr nach Nürnberg. Hier erreichte ihn sein Schicksal: auf dem Bahnsteig in Nürnberg wurde er von einem Arbeitskameraden gestellt, den er in Essen-Steele schwer bestohlen hatte, und der übergab ihn der Polizei. Der Gewohnheitsdieb hatte den größten Teil aller gestohlenen Sachen, immer gut verpackt, an seine Braut geschickt, wo sie später sichergestellt werden konnten. Das Sondergericht verurteilte den Angeklagten dem Antrage des Staatsanwalts zum Tode.

Verleger: Dr. Carl Bertenburg;

Hauptschriftleiter: Leo Hamp (für Dr. Wilhelm Brevohl, z. Zt. Wehrmachtsdienst); Druck u. Verlag der „Gelsenkirchener Allgemeinen Zeitung", Carl Bertenburg. Zur Zeit ist Preisliste Nr. 6 gültig.

Müßiggang ist aller Laster Anfang!

Das Sondergericht verhängte die Todesstrafe gegen einen Wattenscheider Bergmann

Der Bergmann Heinrich Schramm aus Wattenscheid, der für den Bergbau u. k. gestellt war, begann seit Anfang 1943 zu bummeln, so daß er bereits bei dem Reichstreuhänder der Arbeit zur Anzeige gebracht werden mußte. Er besuchte auch viel die Gelsenkirchener Trabrennbahn, beteiligte sich mit häufig hohen Einsätzen an Wetten und entwöhnte sich langsam immer mehr der geregelten Arbeit. Da das Glück ihm auf der Rennbahn nicht immer günstig war, sah er bald in der Verübung von Diebstählen eine Quelle mühelosen Einkommens. Seine Spezialität waren Ladeneinbrüche. Binnen acht Wochen beging er seit November 1943 in Wattenscheid und Bremen alle schwere Diebstähle und stahl so große Mengen an Lebensmitteln, Tabak- und Textilwaren, daß er gut ein Gemischtwarengeschäft damit hätte beginnen können. Die erbeuteten Waren wurden zum Teil in seinem Haushalt gehortet oder verschoben. Schramm hat in allen Fällen die Verdunkelung und meist auch die Notverglasung der Schaufenster für sein verbrecherisches Treiben ausgenutzt.

Der Schwiegervater des Schramm, der Bauhilfsarbeiter Wilhelm Schoemann aus Wattenscheid, in dessen Hausgemeinschaft Schramm mit seiner Familie lebte, wußte um die ungesetzliche Herkunft eines Teiles der Waren. Da er aber von Schramm Tabak erhielt und auch von den gestohlenen Lebensmitteln mitaß, buldete er, daß Schramm die Beute in der Wohnung hortete. Seiner Frau hatte Schramm erklärt es handele sich bei dem Diebesgut um Schmuggelware, sie ahnte jedoch die eigentliche Herkunft, machte sich aber weiter keine Gedanken und verbrauchte große Mengen der Beute in ihrem Haushalt.

Das Sondergericht Dortmund verurteilte nach eingehender Verhandlung den Bergmann Schramm als Volksschädling und gefährlichen Gewohnheitsverbrecher zum Tode, der Schwiegervater Schramms erhielt wegen hehlerischer Begünstigung zwei Jahre Zuchthaus bei zwei Jahre Ehrverlust; Frau Schramm wegen Hehlerei 10 Monate Gefängnis.

Schwein hält. Da haben sie ihren Sohn weggeholt, und der ist auch nicht mehr wiedergekommen. Die Mutter den eigenen Sohn! Ich will den Namen nicht nennen. Ich weiß nicht, ob die Alte nicht gescheit war. Ich weiß nicht, warum sie das gemacht hat.

Und mit dem Roggen war's genauso! Wir haben uns ja auf dem Land gequält, haben Runkeln angebaut, haben Kohl, Kartoffeln, Mais und Korn angebaut. Jetzt hatten wir Roggen. Ich glaub, es war 1943, wo alles schon kaputt war, da kriegen wir auf einmal Bescheid, wir sollen eineinhalb Zentner Roggen abgeben.

Da sollten wir uns also quälen und dann noch Roggen abgeben und hätten nichts für uns gehabt.

Ich hab meinen Mann das nicht alles machen lassen, ich hab so was selbst gemacht.

Und dann bin ich hingegangen nach der Stadt aufs Amt, wollte erst mal horchen. Und die da so rauskamen, von denen hörte ich ja, was sie so sagten:

«Wir wollen das Land abgeben!» – «Wir quälen uns nicht mehr, wenn wir doch alles abgeben müssen!» Ja, und so...

Sind auch Leute gewesen, die sollten das Getreide nach der Mühle bringen und dann eine Bescheinigung bringen, daß sie abgegeben haben.

«Oh», hab ich gedacht. «So doof bin ich aber auch nicht. Land abgeben, tue ich nicht und Getreide abgeben, tue ich auch nicht.»

Und bin dann rein.

«Hören Sie mal, ich soll hier eineinhalb Zentner Roggen abgeben. Die hab ich ja gar nicht.»

«Aber der Mann, bei dem Sie gedroschen haben, der hat das geschätzt.»

«Der kann ja gut schätzen», sag ich. «Aber gewogen hat der nicht. Könnt ihr mal sehen, was der so heimlich tut. Wir dreschen, und der tut heimlich, was?»

Hat er gefragt:

«Wieviel haben Sie denn noch?»

«Ja», sag ich, «wir haben zweimal gesät. Die Vögel haben beim erstenmal alles weggefressen. Und dann haben wir noch mal gesät. So war das.»

«Ja, etwas müssen Sie dann doch noch haben!?»

«Weiß ich nicht. Soviel hab ich nicht mehr. Ob das noch ein halber Zentner ist?»

Kleine coffein-freie Unterhaltung

Bohnenkaffee war nie ein Volksgetränk — Der Verbrauch an Kornkaffee rangiert noch vor dem Bierumsatz — Spitzbohnenkaffee mit Coffein?

ek Als man noch vor nicht langer Zeit Anzeigen in den Zeitungen las, in denen in den verschiedenen Preislagen alle möglichen Kaffeearten angeboten wurden, da führte der Kornkaffee ein rechtes Aschenbrödel-Dasein. Wie gesagt, das ist noch garnicht solange her, und als ich gestern noch Frauen fragte, welche Bohnenkaffee-Arten ihnen noch in der Erinnerung seien, gab's ein verdutztes Aufschauen, — Guatemala wurde genannt und Santos, alles übrige war bereits in Vergessenheit geraten...

Nichts ist heutzutage einfacher, als eine coffeinfreie Plauderei über den Kaffee zu schreiben, und wenn wir uns vorher im Lexikon über die Geschichte des Bohnenkaffees unterrichteten, so geschah das aus purer Höflichkeit, weil dieses köstlich-braune Getränk — ich sehe im Augenblick förmlich lüsterne Augen verlangende Blicke werfen — doch viel Genuß bereitete. Zu Beginn des sechzehnten Jahrhunderts kam der Kaffee nach Konstantinopel, hundert Jahre später brachten ihn Seefahrer mit nach Europa, fünfzig Jahre später begann er seinen

Siegeszug durch Deutschland,

und schon bald darauf war das erste Kaffeehaus in Wien eingerichtet. Erst vierzig Jahre später, 1721, wurde das erste „Café" in Berlin eröffnet. Ganz allmählich bildeten sich Kaffeekränzchen, — und das, wenn man sich die entsprechenden Zahlen einmal statistisch vergegenwärtigt, erkennt man, daß der Bohnenkaffee nie ein Volksgetränk war, der „Ersatz" war ihm in Bezug auf die Verbrauchsziffer immer über, und wenn man einmal zu rechnen beginnt, kommt man dahinter, daß der Verbrauch an Malz-, Gersten- und Kornkaffee — einschließlich Feigen und Zichorien — je Kopf und Jahr der Bevölkerung rund drei Kilogramm betrug während der Verbrauch an Bohnenkaffee je Kopf und Jahr etwas über zwei Kilogramm ausmachte...

Der Deutsche, das mag nun, da wir auf die Zufuhren aus fremden Ländern verzichten müssen, festgestellt werden, hat nie zu den „starken" Kaffeetrinkern gehört, und wenn der eine oder andere in diesem Augenblick auf das kaffeefreudige Oesterreich hinweist, so sei gleich hervorgehoben, daß der Verbrauch an Bohnenkaffee in Oesterreich — trotz der berühmten Wiener Kaffeehäuser! — nicht einmal ein Drittel des Verbrauchs im Altreich — je Kopf und Jahr — ausmachte. Trotz dieser Tatsache galt der Kornkaffee nicht als vollwertig, man rümpfte hier und da wohl auch die Nase über ihn, er war nicht fein genug! Aus den Kreisen der Aerzte wurden ihm glänzende Zeugnisse ausgestellt, während man dem Bohnenkaffee doch schon lange Zeit allerhand nachzusagen wußte.

Nebenher wollen wir feststellen: wir Deutsche sind in der Welt recht verrufen!

Man sagt uns nach, daß wir nicht nur starke Bohnenkaffeetrinker sind, man hält uns auch für starke Raucher und für recht tüchtige Alkoholtrinker. Wir wollen schnell mal der Sache auf den Grund gehen: die Liste der Raucher wird angeführt von den Belgiern, die der Alkoholtrinker von den Franzosen, an der Spitze der Kaffeetrinker steht der Däne. Es mag hier unterstrichen werden, daß in Deutschland der Verbrauch an Bohnenkaffee den Rekord um die Jahrhundertwende noch nie erreicht hat und daß in der Verbraucherstatistik der Bohnenkaffee mit seinen Brüdern weitaus an der Spitze steht, noch vor dem Bierumsatz!

Die Entwicklung des Kornkaffees zu seiner heutigen Bedeutung

haben wir der Kontinentalsperre zu verdanken, die der korsische Eroberer als Blockademaßnahme gegen England verhängte. Fabrikmäßig wurde der erste Zichorienkaffee zu Beginn des 19. Jahrhunderts hergestellt, und während der Kontinentalsperre erhielt er als „deutscher Kaffee" eine große Bedeutung. Zu Anfang des 20. Jahrhunderts verfügte Deutschland über rund 100 Zichorienfabriken. Aber auch auf anderen Wegen suchte man nun zu einem Ersatzgetränk zu kommen, das einmal die köstlichgelbliche des Bohnenkaffees umschlug, das andererseits aber auch nicht coffeinhaltig war, und aus diesen Bestrebungen ergibt sich die Tatsache, daß die Entwicklung zu unseren heutigen Kaffeegetränken nicht mit der Zichorie verknüpft ist, die durch die Einführung des Getreidekaffees lediglich noch einen Zusatz darstellt. Der Kornkaffee war schon vor dem Großen Kriege ein vollanerkanntes Volksgetränk, die Kriegsjahre waren seiner Entwicklung und Verbreitung aber besonders günstig. Der Fehler war, daß man damals sorglos aus dem Vollen wirtschaftete, die man plötzlich kein Getreide mehr hatte, um Kornkaffee herstellen zu können. Jetzt kamen die „Surrogate" — Zuckerrüben, Lupinen, Eicheln, Kastanien, Löwenzahnwurzeln, Hagebutten, Buchecker —, die den Kredit, den der deutsche Ersatzkaffee hatte, untergruben...

„Das wird", so meinte gestern ein Fachmann zu uns, „in diesem Kriege nicht wieder vorkommen. Unsere Kornkaffeefabriken sind in der Entwicklung ihrer Erzeugnisse nicht stehen geblieben. Vor allen Dingen ist schon von oben herunter dafür gesorgt, daß nur Gerste und Roggen zu Kaffee-Ersatz in Anspruch genommen werden dürfen, die einem entsprechenden Vorbereitungsgang unterworfen wurden. Auf Grund wissenschaftlicher Erfahrungen sind die Mischungsverhältnisse festgelegt, so daß die Qualität von vornherein gesichert ist. Der Reichsnährstand sorgt dafür, daß Fälschungen nicht vorkommen. Da ein übergroßer Teil der Kornkaffees nicht anonym, sondern als Markenfabrikat in den Handel gelangt, achten auch die Hersteller selbst auf die Einhaltung von Qualität, um den Ruf ihres Unternehmens nicht zu untergraben. Die Preise sind durch eine Anordnung dem Werte der Ware angepaßt, so daß der Verbraucher auch nach dieser Richtung hin geschützt ist..."

Vielleicht dauert's garnicht mehr lange, bis wir — wenn's durchaus nötig ist — unseren Kornkaffee mit synthetischem Coffein versehen! Dann ist auch denen wieder geholfen, die heute dem Bohnenkaffee noch ein paar Tränen nachweinen.

Dann sollte ich den wegbringen und dann den Schein bringen. Da bin ich nach Hause gegangen und hab zu meinem Mann gesagt:

«Du, ich bring denen doch nicht den halben Zentner Roggen dahin und bring noch den Schein nach der Stadt. Und ich quäl mich hier. Nee, das kommt nicht in Frage. Wenn sie den haben wollen, dann sollen sie sich den selber holen.»

Und hab das abgewogen und weggestellt. Jetzt haben wir ja auch noch Hühner gehabt, nicht. Und da hab ich auch die Hühner mit gefüttert. Nachher im Frühjahr, da sagt mein Mann:

«Sag, hast du den Roggen noch?»

Ich sag:

«Der ist schon längst weg!»

Sagt er:

«Und wenn die jetzt kommen...?»

«Ja», sag ich, «dann laß sie kommen! Dann werd ich denen sagen: Morgens um sechs, da geh ich schon nach 'em Land und bin am Arbeiten, wenn andere Leute noch im Bett liegen und schlafen.»

Dann hab ich das Getreide auf der Kaffeemühle gemahlen und Roggensuppe daraus gemacht. Das war dann wie Schrot. Ein bißchen Speck dran und dann gekocht. Fertig. Und dann wurde das gegessen. Anders konnte man ja nicht. Man hatte ja nichts. Da mußtest du sehen, wie du durchkamst.

Die wollten ja auch betrogen werden. Wir haben doch nicht gearbeitet für lau. Wir wollten essen, und dafür haben wir gearbeitet. Und es gab ja fast nichts. Aber das war alles schön eingeteilt.

Zum Beispiel Kartoffeln.

Wir sollten Kartoffeln pflanzen, aber es gab keine Pflanzkartoffeln. Sicher. Ein paar kriegte man, die taten sie uns dann von den Scheinen abziehen. Aber das reichte nicht.

Dann habe ich immer oben die Keime abgeschnitten, wenn ich geschält habe, also die Augen abgeschnitten. Die hab ich dann antrocknen lassen und dann nachher eingepflanzt.

Da brauchte ich nicht die ganze Kartoffel. Die haben wir dann gegessen. Auf die Keime haben wir Mist drauf, und dann hatten wir schöne Kartoffeln. Man glaubt gar nicht, was die getragen haben.

Die haben wir dann nicht angegeben. Man mußte sich zu helfen wissen. Not bricht Eisen.

Die haben sich allerhand einfallen lassen – die Leute. Eicheln haben sie gesucht. Und aus Eicheln haben sie Kaffee gemacht. Ein bißchen getrocknet die Eicheln, den Kern raus, etwas gebrannt und dann gemahlen.

Die haben aus allem möglichen was gemacht, die Leute.

Haben aus Brennesseln Gemüse gemacht, wenn sie nichts hatten. Haben Löwenzahn gegessen.

Gemüse wurde aus allem gekocht: aus Salat, aus Runkelblättern...

Aber, wie gesagt, uns ging's noch gut, relativ gut. Andere, die waren arm dran.

Wir hatten hier viele Gefangene. In Lagern. Die mußten hier arbeiten. Und mein Bruder, der war auch Bergmann, der wurde dann eines Tages am Magen operiert und mußte dann Gefangene zur Neu-Anlage bringen. Da mußten die dann arbeiten. Ist eine halbe Stunde von der Zeche. Auf dem Weg kamen die dann immer an einem Kappesfeld vorbei. Und die hatten ja Hunger.

Da hat mein Bruder dann gar nicht hingeguckt. Dann haben die sich da immer mal einen Kappeskopf rausholen können.

Andere, die waren nicht so, die haben die Gefangenen geschlagen und sonst was.

Aber wie das Schicksal oft so spielt und wie die Wege laufen: Da war der Krieg vorbei, und wir sind nach dem Münsterland. Weil – wir hatten ja nichts mehr und mußten sehen, wie wir rumkamen.

Da sind wir ins Münsterland jede Woche: Da zwei oder drei Kartoffeln vom Bauern, da mal ein paar Hülsenfrüchte, da mal ein Ei...

Jetzt sind wir also da, meine Schwägerin auch mit. Auf einmal kommen auf der Chaussee Russen – die waren ja, wie der Krieg vorbei war, alle freigelassen – und umzingeln da meinen Bruder.

Was wir für Angst hatten! Wir meinten, die schlagen uns tot.

Aber dann kam der wieder und sagte:

«Du, das sind die gewesen, die ich geführt hab. Die haben zu mir gesagt: ‹Was willst du haben?›»

Die wollten nach dem Bauern gehen und für ihn noch herausholen. Aber das wollte er nicht.

Da ist uns ein Stein vom Herzen gefallen.

Wenn er jetzt schlecht gewesen wäre und sie damals geschlagen hätte... Dann hätten sie ihn doch umgebracht.

So geht das manchmal. So spielt das manchmal.

Fremdarbeiter haben wir auch hier gehabt. Die konnten frei rumlaufen, das waren ja keine Gefangenen. Ukrainer waren das.

Die kamen dann und fragten, ob sie Kohlen für uns einschippen könnten, damit sie was zu essen kriegten. Ja, was zum Essen wollten sie haben.

Zu mir kam auch mal einer. Ob er Kohlen einschippen dürfte. Da hab ich gesagt, er solle sich mal hinsetzen. Und da hat er sich hingesetzt. Und da hab ich mich mit ihm unterhalten.

War noch ein Kind fast.

So machen wir warme Wollsachen!

Praktische Vorschläge zur Anfertigung und Umarbeitung von Woll- und Wintersachen für die Soldaten

Fäustlinge (Fausthandschuhe) lassen sich sehr leicht aus Stücken von Wolldecken, Wintermänteln und Fellen herstellen. Einen einfachen Schnitt hierzu stelle man durch Auflegen einer großen Männerhand auf ein Blatt Papier, deren Umrisse auszugleichen sind und durch eine breite Nahtzugabe zu erweitern ist, her. Es ist darauf zu achten, daß die Handform nur bei gespreiztem Daumen abgezeichnet werden darf, damit der Daumen genügend Bewegungsfreiheit im Handschuh bekommt. An dem so erhaltenen Schnitt ist lediglich noch ein Stulprand von etwa 10 Zentimeter Länge beim Zuschneiden zu berücksichtigen. Sehr gut lassen sich hierzu auch noch Stücke von Portieren, Samt und Fries verwenden.

Ohrenschützer (Form der Stirnbänder) können aus wollenen Badeanzügen, Badehosen und Trikotstoffen hergestellt werden. Man schneidet einen Streifen von 15 Zentimeter Breite und 40 Zentimeter Länge (Nackenteil) sowie einen Streifen von 5—6 Zentimeter Breite und 22 Zentimeter Länge, der als Stirnband angenäht wird. Zwei schmale Streifen werden als Kopfhalter kreuzweise von hinten nach vorn und von links nach rechts genäht.

Kopf- und **Ohrenschützer** können auch aus Damenstrümpfen hergestellt werden. Man schneidet von der oberen Beinlänge Stücke von 30 Zentimeter und näht das engere Teil mit einem festen Faden dicht zusammen und vernäht das übrige. 2 bis 3 dieser so erhaltenen Beutel übereinandergezogen bilden einen hervorragenden Schutz gegen Kälte.

Leibbinden werden am zweckmäßigsten aus alten Wolldecken, Samtportieren und Fries geschnitten.

Lungenschützer können aus wollenen Unterhosen und leichteren Wollstoffresten folgendermaßen angefertigt werden. Man schneidet einen Streifen in einer Länge von 40 bis 50 Zentimeter und einer Breite von etwa 35 Zentimeter. Die längere Seite ist wie folgt einzuteilen: ein Drittel als Schulter, ein Drittel für das auszuschneidende Halsloch und ein Drittel mit Knöpfen versehen für die zweite Schulter. An den vier unteren Ecken sind Bänder anzunähen, damit ein Hochrutschen des Schützers vermieden wird.

Kapuzen sind neben gestrickten Kopfschützern am gesuchtesten. Hierzu läßt sich wiederum jedes Material verwenden. Die Form der Kapuze ist genau die gleiche wie beim Kopfschützer. Nur muß sie so groß gewählt werden, daß sie bequem über den Stahlhelm getragen werden kann. Man probiert die Größe am einfachsten durch Ueberhängen über einen Herrenhut aus. Es ist vorteilhaft, wenn das untere Teil möglichst lang und weit gearbeitet wird, damit es gut auf den Schultern aufliegt.

Warme Westen stellt man am zweckmäßigsten durch einfaches Abfüttern älterer Herrenwesten mit Watte, Kapok, Stücken von alten Wintermänteln, Wolldecken, Steppdecken, Fries und Plüschportieren sowie allen möglichen Fellen her. Die einzelnen Teile sind in der gleichen Größe wie das Rücken- und die Seitenteile der Weste zuzuschneiden. Es empfiehlt sich, beim Annähen der Teile möglichst kreuz und quer die Fütterung an den Oberstoff anzunähen, damit speziell bei Verwendung von Watte, Kapok und Steppdecken ein Beuteln vermieden wird.

Warme Unterhosen sind am begehrtesten, da sie Unterleib und Nieren am besten schützen. Hier lassen sich am besten leichtere Wolldecken sowie alle Wollstoffe verwenden. Es ist darauf zu achten, daß sie nicht zu dick sind, um die Bewegungsfreiheit nicht zu behindern. Als Schnittvorlage hierfür verwendet man eine Herrenunterhose. Die Beinlänge darf nur bis zum Knie gehen, dafür kann aber der Bund ruhig etwas höher reichen, damit die Nieren auch gut warmgehalten werden.

Trainingsanzüge werden am besten nicht zur Herstellung irgendwelcher Bekleidungsstücke verarbeitet, sondern ganz abgeliefert. Hierdurch wird unseren Soldaten die Möglichkeit gegeben, nasse Uniformstücke nicht am Körper trocknen lassen zu müssen.

Einlegesohlen werden folgendermaßen hergestellt: Zunächst wird ein Schnitt durch Aufstellen eines Herrenfußes auf ein Blatt und Abzeichnen der Konturen angefertigt. Zu jeder herzustellenden Sohle gehören zwei Stücke. Um eine gute Fütterung zu erreichen, legt man am zweckmäßigsten 4 bis 5 Blatt Zeitungspapier, das in der gleichen Form ausgeschnitten ist, zwischen die beiden Stofflagen und näht nun mit der Maschine zunächst die äußeren Rand. Um ein Verschieben der Papierlagen zu vermeiden, muß die Sohle nunmehr kreuz und quer durchsteppt werden. Es werden Einlegesohlen von Schuhgrößen 42 bis 49 gebraucht.

Zehenschützer, die aus reiner Seide (alten Seidenkleidern usw.) hergestellt auf der bloßen Haut getragen werden, sind ein sehr gutes Kälteschutzmittel. Der Schnitt hierzu wird genau so wie bei der Einlegesohle, jedoch nur bis zur halben Fußlänge gezeichnet. Das Oberteil muß mit Rücksicht auf die Wölbung des Fußes am hinteren Ende 5 bis 6 cm breiter geschnitten sein. Beide Teile werden nun an den Kanten zusammengenäht, so daß sich die so gewonnene Tasche bequem über den Fuß ziehen läßt.

Brust- und **Lungenschützer** kann man aus Wolldecken, Plüschportieren und dicken Vorhangstoffen anfertigen. Man schneidet sich zunächst einen Streifen von 50 Zentimeter Breite und 100 bis 110 Zentimeter Länge, legt ihn in der Breite zusammen und schneidet nunmehr im Kniff — in der Mitte das Halsloch aus. Die Maße hierfür erhält man am einfachsten durch Ausmessen einer Herrenblutweste. Von beiden Enden des Kniffes werden nunmehr je 7 Zentimeter in leichtem Bogen bis zur Mitte der Seitenteile verlaufend als Achseln ausgeschnitten. Sofakissen lassen sich in der gleichen Weise bequem zu Brust- und Lungenschützern verarbeiten.

Und da seh ich, und da guck ich so, und da hat er die Jacke so lose angehabt. Sag ich:

«Du hast ja kein Hemd an!»

Da fing er an zu weinen:

«Ja, ich hab kein Hemd!»

Ich sag:

«Wie? Gehst du so?»

«Ja», sagt er, «so.»

«Wie schläfst du denn?»

«Ja. So!»

«Wie gehst du arbeiten?»

«Ja. So.»

«Ja, du mußt doch sagen, daß du ein Hemd haben mußt. Du mußt doch Wäsche haben!»

«Dann kriege ich Schläge.»

Da waren von den Nachbarn noch ein paar dabei. Und da hab ich gesagt:

«Geht! Holt was!»

Von meinem Mann das Zeug paßt ihm ja nicht. Der war groß. Dann brachte der eine was und der andere was. Wäsche und so. Da hab ich dann zu dem Jungen gesagt:

«Geh mal in den Flur und zieh dir das Zeug an!»

Das hat er dann getan.

«Hoffentlich kriegst du nicht Schläge, wenn du das anhast!» sag ich. Und der hat sich gefreut, daß er was hatte.

Er war ja noch wie so ein Kind. Jede Eltern machen sich da Sorgen um so'n Kind. Ich konnte so was nicht haben.

Hab ihm auch noch zu essen gegeben. Die mußten ja arbeiten und haben dann auch Essen gekriegt. Suppe und so was. Viel kriegten sie nicht. Sonst wären sie ja nicht zu uns gekommen. War so'n Schlamm-zeug, was die zusammengekocht haben, so'n mieses Zeug, Abfälle wahrscheinlich.

Die Bergleute, die mit denen zusammen in der Grube gearbeitet haben, die durften denen nichts geben. Haben aber heimlich wohl mal was zugesteckt.

Ging eine Weile so. Aber nachher hatten wir auch nicht mehr viel. Da konnten wir uns auch nur so über Wasser halten.

Sogar Tabak haben wir uns angebaut. Da haben sie dann die Blätter übereinandergelegt und so gebeizt. Und dann wurde der richtig einge-stampft, daß er geschwitzt hat. Und eine Zeit lang liegengelassen. Dann wurden die Blätter ganz braun und dann aufgehängt und ge-trocknet.

Und den haben sie dann, wenn er trocken war, geschnitten. Haben ihn dann in solche Mutze immer getan. Zigaretten konnte man davon nicht machen. Drehen ging nicht.

Das war der Eigenheimer.

Schmeckt alles, wenn man nichts hat.

Wie wird der selbstgebaute Tabak rauchbar?

Wichtiger als die Tabakblätter ist ihre sachgemäße Pflege

Das Pflanzen und die Pflege des Tabaks nimmt für den Kleintabakbauer viel Zeit und Sorgfalt in Anspruch. Es ist aber nicht die Hauptarbeit; das Wichtigste ist das Trocknen, Fermentieren und Schneiden der fertigen Blätter. Denn dadurch wird das nikotinhaltige Kraut erst rauchbar.

Es ist aber von keinerlei Bedeutung, daß der Tabak schnell trocknet, im Gegenteil: langsames und regelmäßiges Trocknen ist der Güte des Tabaks förderlich. Es spielt also gar keine Rolle, wenn das Trocknen monatelang dauert; der Tabak ist erst gut, wenn die Blattnerven „knochentrocken" sind, was ja nach der Witterung etwa um Weihnachten herum der Fall sein dürfte. Wenn der Tabak trocken ist, werden die Blätter von der Schnur genommen und gebündelt, indem man die Blattstiele mit den unteren Enden zusammenschnürt. Man kann diese Bündel beliebig groß machen. Es ist aber für die weitere Behandlung am bequemsten, wenn die Bündel nicht mehr als 20 bis 30 Blätter enthalten. Die Bündel legt man in eine hölzerne Kiste, möglichst dicht aufeinander, und zwar so, daß man den Deckel nur unter Anwendung des vollen Körpergewichts schließen kann, im Notfall wird der Deckel mit Steinen usw. beschwert. Zum Fermentieren bzw. Selbsterwärmen und Vergären des Tabaks, wobei es sich nur um kleine Mengen handelt, wird der Tabak mit Wasser (etwa 10 v. H. seines Gewichts) angefeuchtet und in eine Kiste oder einem Faß fest eingepackt, welches man in einem Haufen Heu oder Laub einpackt, die beide den Vorzug haben, die im Tabak noch vorhandenen schlechten Stoffe an sich zu ziehen; man kann es auch in den Heizraum einer Zentralheizung stellen, muß aber hier öfter nachfeuchten. Sehr geeignet dazu ist auch ein Warmhaus einer Gärtnerei. Ferner läßt sich auch eine Kochkiste verwenden. Im Grubeherd ist es auch schon mit Erfolg versucht worden, während das Backofen ungeeignet ist, weil er sich zu schnell erhitzt und abkühlt. Zwecks Messung der Temperatur wird mit einem spitzen Stab ein Loch in die Tabakmasse gebohrt und das Röhrenthermometer eingeführt.

Der Raum, in die die Kiste mit den angefeuchteten Blättern zu stellen ist, soll nur etwa 18—20 Grad Wärme aufweisen, denn die Erwärmung des Tabaks muß aus ihm selbst, also von innen heraus durch den Druck und das Pressen kommen, darf also nicht durch äußere künstliche Wärme hochgetrieben werden. Wenn eine Wärme von zirka 35—40 Grad nach etwa 10 Tagen erreicht ist, nimmt man den Deckel ab, legt die Blätter zwecks gleichmäßiger Vergärung um, wiederholt den Vorgang der Erwärmung nochmals, nimmt die Blätter dann endgültig heraus, wenn das Thermometer auf 28. Grad zurückgegangen ist.

Nach dem Fermentieren wird der Tabak geprüft. Ist sein Geschmack noch zu scharf, läßt man das Bündel etwa 10 Minuten in kaltem (nie in warmem) Wasser auslaugen. Hierauf wird es ausgeschwenkt und bis auf einen geringen Feuchtigkeitsgrad getrocknet. Dem Wasser kann je Liter 5—10 Gramm kohlensaures Kali und ebensoviel gereinigte Salzsäure zugesetzt werden. Es geht aber auch ohne die Säure; statt kohlensaures kann essig- oder salpetersaures Kali verwendet werden. Die abfließende Lauge kann, wenn sie keine Salzsäure enthält, in der Schädlingsbekämpfung verwendet werden, nur nicht zu Tabak, weil sonst Krankheiten übertragen werden.

Wer nicht die Möglichkeit hat, zu fermentieren, muß sich nur auf das Laugen beschränken, darf aber dann nur kalt laugen, niemals mit warmem Wasser!

Tabak, der geschimmelt ist, kann rasch im Ofen getrocknet werden. Nach erfolgtem Fermentieren kann man auch die Bündel in kaltes Wasser tauchen, dem man je Liter 50 Gramm Vorsäure zugesetzt hat (5prozentige Lösung). Soll der Tabak geschnitten werden, so legt man eine einzige Blätterschicht auf den Boden und besprengt sie reichlich mit reinem Wasser. Darauf legt man wieder eine Blätterschichte, die man wieder besprengt, usw., bis die ganze zu schneidende Menge in dieser Weise ausgelegt und befeuchtet ist. Dann werden alle Schichten zusammen in einen Sack gesteckt, in dem man sie stehen läßt. Nach einigen Stunden soll der Tabak so schlaff sein, daß man das Blatt mit der Hand zusammendrücken kann, ohne daß es bricht, daß es sich aber dann von selbst wieder streckt. Jetzt entfernt man alle dicken Nerven bzw. Rippen der Blätter und legt letztere auf ein Leinentuch in langer und schmaler Form; in dieses Tuch wickelt man die Blätter fest ein. Das Paket von Anfang bis zum Ende mit einem Bindfaden verschnürt werden, jede Windung neben der nächsten, wie auf einer Spule. Dieses Paket läßt man zwei oder drei Tage stehen, dann macht man das Tuch wieder auf, beläßt aber die Blätter in der Form, wie sie zusammengepreßt wurden. Diese „Wurst" wird dann mit einem scharfen Messer leicht in Scheiben geschnitten, und zwar in Dicke der dünne Scheiben. Der so gewonnene Tabak wird zum Trocknen auf ein Drahtsieb oder auf ein grobes Leinentuch dünn ausgebreitet, und zwar in einem trockenen, luftigen Raum, wo er der Sonne nicht ausgesetzt ist.

Das Beizen geschieht folgendermaßen: Um dem Tabak einen besonderen Geruch oder Geschmack zu verleihen, wird er gebeizt. Die Beizen sind Flüssigkeiten, in die der Tabak nach dem Auslaugen längere Zeit eingelegt wird. Eine einfache Beize besteht z. B. aus 1 Liter Regenwasser, 50 Gramm Zucker und 2 Gramm Salpeter. Darin bleibt der Tabak einige Tage liegen, dann wird er ausgeschwenkt und zum Trocknen gebracht.

Der geschnittene Tabak wird in festschließenden Büchsen oder Kisten aufbewahrt, nachdem man ihn vorher auf einem Kuchenblech, oder mit etwas Staubzucker überstreut, auf der heißen Herdplatte getrocknet hat. Zur Zigarrenherstellung sucht man für die Deckblätter die schöngefärbten Blätter aus, die unverletzten, weniger gutgefärbten Blätter geben das Umblatt der Wickel, die beschädigten Blätter liefern dann die Einlage.

Zum Schluß darf nicht unerwähnt bleiben, daß die Zungen jener Raucher nicht verwöhnt sein dürfen, wenn sie ihr eigenes Gewächs aus der Pfeife oder in Form einer Zigarre genießen wollen. Denn die Herstellung einer Zigarre aus einer einzigen Tabaksorte ist schon gar nicht möglich, da ja bekanntlich die Zigarre stets aus einer Mischung von sechs bis acht verschiedenen Herkünften besteht und erst dadurch ihren Wohlgeschmack und ihre Bekömmlichkeit erhält. Auch der Rauchtabak, den man sich aus dem Eigenanbau herstellen kann, wird, allein genossen, nicht sehr gut schmecken, da auch der sonst käufliche, fabrikationsmäßig hergestellte Rauchtabak stets eine Mischung mehrerer Tabaksorten und Herkünfte ist. Man kann aber den selbstgebauten Tabak nach entsprechender Auftrocknung und Behandlung mit einer Rasierklinge fein schneiden und ihn zur Streckung und Verbesserung mit dem auf die Raucherkontrollkarte gekauften Tabak mischen.

So hat man durchgehalten. Tee hat man sich selber getrocknet. Pfefferminz und so was hat man im Garten gehabt.

Von Stachelbeeren, Johannisbeeren haben wir Wein aufgesetzt.

Kaffee haben wir selbst gemacht. Aber keinen Bohnenkaffee. Kornkaffee haben wir auch selber gemacht. So ein runder Eisennapf. Da kam der Kaffee rein. Und dann immer gedreht. Innen drinnen waren so Flügel, die wurden gedreht, damit der Kaffee unten nicht anbrennt. Von Roggen haben wir das gemacht. Zuletzt kam dann ein bißchen Zucker dazu, daß er glänzte. Und dann auf den Herd.

Das gab einen Qualm. Da hat alles nach gestunken. Tagelang noch. Im Ersten Weltkrieg da gab's gar nichts. Und im Zweiten Weltkrieg, da sagten sie, es gäb alles. Aber gegeben hat's nachher auch nichts mehr. Ja, wenn man zwei Kriege erlebt hat...

Unrecht Gut gedeiht nicht

Johanna Klein wurde 1912 in Marl geboren und ist katholisch. Nach der
Volksschule besucht sie eine Handels-
schule und macht eine Lehre in einem
Kunsthaus. Im Oktober 1936 heiratet
sie und zieht nach Dortmund. 1937
wird ihr Sohn geboren.

Heute lebt sie mit ihrem Mann wieder in Marl.

Natürlich sind wir zum Hamstern gefahren. Alle sind zum Hamstern gefahren. Die Brotrationen haben ja nicht gereicht.

Es gab Maisbrot. Wir haben Schlange gestanden vor den Bäckerläden, weil das Mehl nicht so angeliefert wurde.

Was man an Brot nicht genügend hatte, das wurde beim Mittagessen etwas mehr, indem man mehr Gemüse nahm und Kartoffeln. Ich bin rausgefahren und habe mir Kartoffeln gehamstert.

Wir haben während des Krieges in Dortmund gewohnt, mein Mann und ich. Und da bin ich nach Werl raufgefahren, nach Unna, nach Wickede. Die anderen haben dann immer was eingetauscht. Ich nicht. Ich habe nichts eingetauscht. Ich habe um etwas zu essen gebeten. Wenn man mir was gab, war ich dankbar. Und wenn man mir nichts gab, dann hab ich gesagt:

«Dann müssen Sie bitte entschuldigen...!»

Ich hab mich entschuldigt für meine Aufdringlichkeit. Aber eingetauscht hätte ich mir dafür nichts.

Ich wußte ja nicht, ob von meiner Wäsche oder was ich so hatte, von meiner Aussteuer, ob ich mir das wohl hätte wieder kaufen können. Nein, ich habe nichts eingetauscht.

Zu Anfang des Krieges waren die Bauern auch noch freundlich. Später, als die Zahl der Hamsterer dann immer größer wurde, dann waren sie auch schon mal ein bißchen abstoßender. Nicht wahr, die haben dann gesagt:

«Ja, wir können doch nicht nur geben, wir müssen auch selbst noch leben.»

So oder so ähnlich werden die das gesagt haben.

Wenn ich rausfuhr zum Hamstern, dann waren da auch mal abgeerntete Möhrenfelder. Ja, und da hatte ich mal Glück, daß so ein Stück nicht abgeerntet war. Da konnte ich das mit meiner Hacke – die Hacke, die hatte ich immer bei mir, nicht wahr – konnte ich die Möhren schön ausbuddeln. Und ich hatte meinen ganzen Rucksack voller Möhren. Mein Gott, war ich da glücklich!!

Kartoffeln haben wir auch gestoppelt. Oft mit meinem Mann, wenn der da war, dann sind wir zusammen gefahren. Sonst bin ich alleine los.

Immer mit meiner Hacke. Die hatte mein Mann selbst angefertigt. Da bin ich rausgefahren. Und wenn ich meinen Rucksack voll hatte, dann kam ich freudestrahlend nach Hause.

Ich weiß noch ein Erlebnis, da bin ich mit meinem Mann raus zum Stoppeln. Und da war ein abgeerntetes Feld und ein anderes daneben noch ganz belegt mit Kartoffeln. Es waren sehr viele Leute gekommen. Und die gingen dann an das Kartoffelfeld. Und da sag ich zu meinem Mann:

«Guck mal, was die da machen! Das machen wir auch!»

Und da sagt er:

«Mädchen» – er sagte immer Mädchen zu mir, sagt er heute noch – «Mädchen, wir machen das nicht. Wir ernten da, wo es abgeerntet ist. Wenn wir was finden, ist es gut. Wenn nicht, ist es auch gut!»

Und dann kam hinten ein Wagen an: der Bauer. Und alles lief weg. Da sagt mein Mann:

«Mädchen, wir laufen nicht weg. Wir haben nichts Böses getan. Nichts Unrechtes. Wir haben nichts gestohlen. Wir bleiben sitzen.»

Dann haben wir uns an den Feldrand gesetzt und gewartet. Und dann kam der Bauer auf uns zu. Ich hatte schon Angst, denn ich hatte schon ein paar Kartöffelchen in meinem Säckchen. Und ich dachte, der nimmt mir die jetzt weg, nicht wahr. Aber der Bauer kam zu uns und war ganz freundlich und sagte zu meinem Mann:

«Haben Sie Lust zum Arbeiten?»

Und da sagt mein Mann:

«Selbstverständlich! Ich arbeite gern!»

Und da sagt er:

«Wollen Sie uns helfen, Kartoffeln ausmachen?»

«Ja! Klar! Sofort!» sagt mein Mann. Und wir dann mit ran an die Arbeit. Für die Arbeit gab's dann hinterher Kartoffeln. Es war ein guter Zentner, den er uns dann überlassen hat. Er war sogar so freundlich und hat uns die Kartoffeln zum Bahnhof gefahren. Nicht wahr, ehrlich währt am längsten, und unrecht Gut gedeiht nicht!

Ich habe auch Ähren gesammelt, Roggenähren, Weizenähren. Die habe ich getrocknet und dann durch die Kaffeemühle gedreht. Da konnte man schon mal backen. Es war wohl etwas grobkörnig, aber... Oder wir haben Suppe davon gekocht. Roggensuppe.

Tja, wenn ich an die Fleischrationen denke! Ich habe mir, wenn ich eine Zuteilung für die Woche hatte, einmal in der Woche Fleisch gekauft. Aber das war nicht sehr viel.

Wir kochen mit Gerstengrütze

Schmackhafte Gerichte mit der neuen Zuteilung — Eine willkommene Bereicherung für den Küchenzettel

In der neuen Zuteilungsperiode gibt es Gerstengrütze auf einen besonderen Abschnitt der Fleischkarte. Diese Gerstengrütze läßt sich vielseitig zu schmackhaften Gerichten verwenden, die dem Küchenzettel eine willkommene Abwechslung bringen.

Den Hausfrauen zur Kenntnis, daß ein gestrichener Eßlöffel Grütze 15 Gramm wiegt.

Suppe

50 Gramm Gerstengrütze, 1½ Liter Wasser, Salz, Kräuter.

Die Gerstengrütze wird mit dem Wasser kalt angesetzt und in etwa 50 Minuten gar gekocht. Dann schmeckt man sie mit Salz und Kräutern ab.

Brei

180 Gramm Grütze, 1¼ Liter Wasser, Salz oder Zucker nach Geschmack.

Die Gerstengrütze wird mit Wasser kalt angesetzt und dick ausgequollen. Man schmeckt sie mit Salz oder Zucker ab und gibt sie eventl. mit heißer Milch zu Tisch.

Grützrand

200 Gramm Grütze, ¾ Liter Wasser, Salz, Kräuter.

Die Gerstengrütze wird mit dem Wasser und Salz kalt angesetzt und gar gekocht. Dann füllt man sie in eine gut gefettete Randform und stürzt sie auf eine angewärmte Platte. In die Mitte macht man Gemüse oder Fleisch (z. B. Gulasch) und streut auf den Rand feingewiegte Kräuter.

Grützbratlinge oder Klöße

375 Gramm Gerstengrütze, ¾ Liter Wasser, Gramm Mehl, 1 Ei, Salz, Kräuter.

Die Gerstengrütze wird in dem Wasser dick ausgequollen. Man läßt sie etwas abkühlen und sdann Mehl, Ei, Salz und feingewiegte Kräuter hinzu. Man arbeitet den Teig gut durch und formt ihn zu Bratlingen oder Klößen, die man in etwas heißes Fett in der Pfanne oder auf dem Blech im Ofen bäckt bzw. in kochendem Salzwasser garziehen läßt.

Grütz-Pfannkuchen

200 Gramm Grütze, ½ Liter Wasser, 1 Ei, Eiaustauschmittel für 1 Ei.

Aus den angegebenen Zutaten stellt man einen dickflüssigen Teig her, den man etwa zwei Stunden quellen läßt. Dann füllt man ihn löffelweise in eine mit Speckschwarte ausgeriebene Pfanne und läßt die Pfannkuchen bei schwacher Hitze langsam gar und knusprig backen.

Grützeintopf

250 Gramm Grütze, 3 Liter Wasser, 1 Kilogramm Wirsing, Salz oder 200 Gramm Grütze, 2½ Liter Wasser, 1 Kilogramm Wirsing, 375 Gramm Kartoffeln, Salz.

Man läßt die Grütze in dem Wasser halb kochen. Dann gibt man den gewaschenen, in Streifen geschnittenen Wirsing und etwas später die Würfel

Allerlei Leckeres für's Feldpostpäckchen

Kleingebäck mit und ohne Fett und Ei — Wir backen für die Soldatenweihnacht

Auch in diesem Jahr möchten wir unseren Soldaten das Weihnachtsfest durch ein paar selbstgebackene Plätzchen und Süßigkeiten ein bißchen heimatlich machen. Wenn es manchmal auch schwierig ist, die geeigneten Zutaten dazu zusammenzusparen, es wird schon langen, denn es ist ja nicht viel, was wir schicken können. Das Gewicht der Päckchen ist sowieso begrenzt, und wir wollen doch auch noch andere Kleinigkeiten mit hineinpacken.

Damit der Soldat nun auch seine Freude an den Plätzchen hat, sollte man es sich zur Regel machen, daß man nur ausprobiertes und haltbares Gebäck fortschickt. Eine kleine Auswahl von kleingebäck mit und ohne Fett und Ei wird die Ueberlegungen etwas erleichtern.*)

Buttermilchplätzchen (ohne Ei)

250 Gr. Mehl, ½ Backpulver, 100 Gr. Zucker, Vanillezucker oder abgeriebene Zitronenschale, 30 Gr. zerlassenes Fett, ⁴⁄₁₀ Liter Buttermilch.

Das Mehl wird mit Backpulver vermischt und auf ein Backbrett gesiebt. Zucker und Geschmackszutaten streut man darüber, gibt in die Mitte das zerlassene Fett und nach und nach die Buttermilch. Man verarbeitet alles zu einem geschmeidigen Teig, den man ½ Zentimeter dick ausrollt und aussticht. Bei Mittelhitze werden die Plätzchen goldgelb gebacken.

Zimtsterne

75 Gr. Kunsthonig, 150 Gr. Zucker, 40 Gr. Fett, 350 Gr. Mehl (auch Roggenmehl), 1 Ei, etwa 2 Teelöffel Zimt, 1 Teelöffel Backpulver.

Kunsthonig, Zucker und Fett läßt man zergehen und gibt die Masse, wenn sie etwas abgekühlt ist, zu den übrigen Zutaten. Man rollt den Teig aus, sticht Formen aus, die man bei Mittelhitze bäckt.

Pfefferkuchen (ohne Fett)

1 Ei, 25 Gr. Zucker, 2 Eßlöffel Marmelade, Pfefferkuchengewürz, 250 Gr. Mehl, ½ Backpulver, ¼ Liter Milch.

Ei, Zucker und Marmelade werden schaumig gerührt. Dann gibt man die übrigen Zutaten hinzu, streicht den Teig nicht zu dünn auf ein gefettetes

Blech und bäckt ihn bei guter Hitze. Noch warm, wird er auf dem Blech in Stücke geschnitten.

Haferflockenplätzchen (ohne Ei)

200 Gr. Haferflocken, 125 Gr. Mehl, 1 Teelöffel Backpulver, 150 Gr. Zucker, Vanillezucker, Zimt oder sonstiges Aroma, 70 Gr. Fett, etwa 6 Eßlöffel Milch.

Die Haferflocken werden zerkleinert und mit gesiebten Mehl und Backpulver vermischt. Dann streut man Zucker und Gewürze darüber, gibt auf den Rand das Fett in Flöckchen und in die Mitte Milch. Man verarbeitet alles zu einem glatten Teig, den man dünn ausrollt, aussticht und bei Mittelhitze goldgelb bäckt.

Grießplätzchen (ohne Fett)

1 Ei oder Eiaustauschmittel, 1 Tasse Zucker, 1 Tasse Mehl, 2 Tassen Grieß, 3 bis 4 Eßlöffel Milch, 1 Backpulver.

Das Ei oder Austauschmittel wird mit dem Zucker verrührt, das Mehl mit dem Backpulver gesiebt und dem Grieß und die Milch dazugegeben. Man rührt den Teig gut durch, setzt kleine Häufchen auf das Blech und bäckt die Plätzchen goldgelb.

Braune Kugeln

100 Gr. Roggenmehl, 60 Gr. Kakaomischpulver, ¼ Tasse Milch, 60 Gr. Zucker, 10 Gr. Fett, etwas Zucker zum Wälzen.

Das Mehl wird in einer Pfanne ohne Fett gelb geröstet. Dann fügt man das Kakaomischpulver, Milch, Zucker und Fett dazu und verarbeitet alles. Man formt Kugeln, die man in Zucker wälzt trocken läßt.

Sirupbonbons

1 gehäufter Eßlöffel Mehl, 4 Eßlöffel Wasser, Gr. Zucker, 1 Eßlöffel Fett, 4 Eßlöffel Sirup.

Das Mehl wird mit dem Wasser glattgerührt. Dann fügt man die übrigen Zutaten hinzu und läßt das Ganze etwa 20 Minuten unter ständigem Rühren kochen. Man nimmt die Masse vom Feuer, zieht sie auf einem gefetteten Teller und läßt sie erkalten. Kurz bevor sie völlig erstarrt, schneidet man sie in Würfel.

Zuerst war mein Mann noch zu Hause, aber ab 1942 war der dann eingezogen. Da war ich mit meinem Sohn allein. Der ist 1937 geboren, und der war zwei Jahre alt, als der Krieg ausbrach. Da war's die Kleinkindzulage, die ich bekam. Das war hauptsächlich Milch und Butter. Nicht wahr, mit so ein bißchen Fleisch konnte man nicht recht was anfangen.

Anfang des Krieges gab es noch markenfreies Fleisch. Pferdefleisch. Und die Gelegenheit habe ich auch ausgenutzt.

Ich hatte noch nie in meinem Leben Pferdefleisch gegessen, aber dann habe ich mir gedacht, wenn andere Leute das vertragen und sterben da nicht dran, wird dir auch nichts passieren.

Und dann war eine Nachbarin im Haus, die sagte mir:

«Geben Sie mir Ihr kleines Männlein her, ich verwahr das schon, und dann bringen Sie mir etwas Fleisch mit.»

Ja, dann bin ich morgens um fünf oder halb fünf Uhr aus dem Haus gegangen, und dann haben wir gestanden. Die Menschenmenge, die war ja so groß, und wenn ich dann als letzte kam, dann mußte ich damit rechnen, daß ich nichts mehr mitbekomme.

Wenn ich dann so ein schönes Stück bekommen hatte, dann habe ich es mir eingeteilt. Dann habe ich mir Rouladen geschnitten, etwas Sauerbraten eingelegt. Das andere habe ich frisch gebraten.

Dann habe ich auch versucht, Obst zu bekommen. Von den Äpfeln und Birnen habe ich Ringe geschnitten, die habe ich getrocknet, so daß man immer etwas Obst in Reserve hatte.

In unserer Nähe hatten wir einen Markt, und zwar war der montags und donnerstags. Und da kamen die Bauern aus der Umgebung und priesen ihre Waren an.

Ich hatte einen Bauern, bei dem habe ich von Anfang an, seit ich verheiratet war, ständig gekauft. Und der hat mich dann auch während des Krieges oft gut bedacht. Wenn er merkte, ich war am Morgen noch nicht da, dann hatte er schon noch so ein bißchen was unter dem Tisch liegen für mich. Und dann gab er mir auch schon mal einen Wink, dann sagte er:

«Kommen Sie mal zu meinem Hof hin und holen sich da was ab!»

Dann konnte ich mir im Sommer schon mal Kohlrabi oder Salat, grüne Bohnen, Rotkohl oder was sonst noch holen, und im Herbst machte er mir das Angebot, ich sollte mir etwas zum Einkochen oder zum Einmachen holen. Und dann bekam ich für gewöhnlich so einen Sack voll Grünkohl oder Stielmus.

Ich habe das so geschnitten, als wenn ich das fürs Essen zubereitete, und ich habe das dann mit Salz eingestampft. Der Geschmack ist ja dann wohl nicht mehr so wie beim Frischgemüse, aber es hat geschmeckt. Wenn's dann gebraucht wurde, habe ich das mit Kartoffeln durcheinander gekocht. Durcheinander – das war immer das einfachste Kochen, das sparsamste. Wir mußten ja sehen, daß wir mit allem über die ganze Woche hinkamen.

Man wollte vor allem ja satt werden, nicht wahr!

Es gab ja damals auch Trockengemüse, aber das habe ich nicht genommen. Ich habe auch selbst kein Gemüse getrocknet.

Ich hatte viele Gläser, und was im Moment nicht gebraucht wurde, das wurde geschnitten und eingeweckt, so hatte ich immer wieder was Frisches. Auch Obst, was ich bekam, aber im Moment nicht brauchte, habe ich eingeweckt.

Wir sind ja damals noch in den Vorort gegangen und haben dort Hagebutten gesammelt und Holunderbeeren. Das macht ja heute keiner mehr. Da haben wir zu Hause dann Marmelade von gekocht.

Die Hagebutten, die wurden erst gesäubert und dann durch die Maschine gedreht. Dann wurde das gekocht, eingedickt. Dafür hatte ich mir dann immer Zucker zurückgehalten, damit ich was einkochen konnte. Die ganze Zuteilungsperiode über habe ich den gespart.

Dann haben wir uns Kräuter gesammelt. An den Bachrändern fand man so wilde Pfefferminze, die Blätter davon konnte man trocknen. Und dann konnte man Tee aufbrühen. Heute kennt man so was alles nicht mehr.

Ja, und dann habe ich mir vom Metzger auch schon mal Wurstbrühe geben lassen, wo der seine Würste drin gekocht hatte, der Metzger. Dann habe ich mir Graupen gemahlen, die habe ich darin gekocht, etwas Salz und Pfeffer und Majoran dran getan, und dann habe ich davon Panhas zubereitet. Nur hatte ich leider meist kein Blut. Im allgemeinen kommt dann am Schluß noch etwas Blut zu, damit es dunkel wird. Und Weizenmehl zum Binden. Aber das gaben die Metzger nicht ab. Daraus machten die ihre Blutwurst. Die wurde dadurch verlängert. So ein Panhas – das war schon ein Festessen.

Das war außer der Reihe. Und man hat ja wenig gehabt außer der Reihe. Was hab ich damals gemacht? Auch schon mal einen Kuchen gebacken! Aus Grießmehl. Ich habe wenig Fleisch eingekauft. Dafür habe ich mir Talg und Fett geben lassen, das konnte ich dann auch schön zum Backen mitbenutzen.

Nachschub an Süßigkeiten / Werkfrauen schaffen in einem Wehrbetrieb für unsere Soldaten

Da denkt wohl jeder zuerst an Waffen, aber unsere Soldaten brauchen außerdem noch viele andere Dinge, angefangen bei Kleidung und Nahrung bis zu Zigaretten und Bonbons. Da staunt vielleicht mancher, wie wir auch staunten, als wir in die Bonbonfabrik gingen, die dauernd Heereslieferungen zu machen hat und deshalb zu den Wehrbetrieben gehört.

Am Eingang hängt die Bautafel der Arbeitsfront. Wir wurden von dem Betriebsführer geführt. Er machte es gründlich. Erst kam der Maschinenraum dran mit den riesigen Heizkesseln, die den Dampf für den Betrieb erzeugen, und dann der Raum mit den Kesseln, in denen von Arbeiterinnen Zucker und Syrup gekocht und geklärt wird.

Wir kommen in einen großen Arbeitsraum; zwischen den Maschinen stehen große Tische, an denen die Bonbonkocher aus „mischer dicke, lange Streifen aus Zuckerteig in verschiedenen Farben kneten, nebeneinanderlegen, um einen Holzstab rollen, das Ganze auf eine Maschine legen, die nun den Holzstab ausstößt und in den entstandenen Hohlraum Marmelade pumpt. Mit einem Ruck wird die Masse ganz unwahrscheinlich in die Länge gezogen, und dann läuft die Maschine, wie eine fließende Perlenkette kommen die bunten Seidenkissenbonbons auf einem gekühlten Laufband heraus.

Aber weiter geht's in den Karamelraum. Hier sitzen viele weißgekleidete junge Mädchen und Frauen an den Maschinen, in denen die Karamelmassen zu Bonbonformat geschnitten und ohne mit der Hand berührt zu werden von den Maschinen gewickelt werden, und zwar 240 in der Minute. An der nächsten Maschine geht es noch schneller.

„Wieviel Bonbons fabrizieren Sie denn?" fragen wir überwältigt. „Es wird jetzt mit den Rohmaterialien etwas gespart" antwortete der Betriebsführer,

„wir haben schon 200 Zentner pro Tag geliefert, jetzt gehen täglich nur 120 Zentner heraus."

Nur 120 Zentner, denken wir, ein schöner süßer Berg!

Dann kommen die Maschinen für Drops, dann die Drageeabteilung, die Pfefferminzplätchenabteilung und so fort.

Die Frauenwalterin sitzt mit einer größeren Abteilung Mädchen im Packraum. Ueberall herrscht freundliche Sauberkeit und Helligkeit. Die Mädchen singen bei ihrer Arbeit.

Wildgemüse für die Speisenfolge

Daß es mit unserer Gemüsezuteilung schon seit geraumer Zeit nicht allzu großartig bestellt ist, weiß jede Hausfrau. Der trockene Sommer des vergangenen Jahres hat die Masseneentwicklung gestört, so daß Einlagerungen für Winter und Frühjahr nicht in dem sonst gebotenen Maße durchgeführt werden konnten. Die Zubereitung abwechslungsreicher und schmackhafter, vor allem aber auch genügend Wirkstoffe und Nährsalze enthaltender Mahlzeiten stößt deshalb manchmal auf Schwierigkeiten.

Gerade jetzt im Frühjahr können wir aber nicht auf die lebensnotwendigen Vitamine verzichten. Die bekannte Erscheinung der „Frühjahrsmüdigkeit" ist zum Beispiel eine Mangelkrankheit, die anzeigt, daß dem Körper recht bald ein höheres Maß an Vitaminen zugeführt werden muß. Da hilft uns nun die Natur selbst. Sie bietet uns aus ihrer unerschöpflichen Fülle wildwachsender Pflanzen eine ganze Reihe, die die notwendigen Wirkstoffe in reichlicher Menge enthalten, überall greifbar sind und obendrein noch ausgezeichnet schmecken.

Demjenigen, der etwa über den Rat, Wildgemüse mit in die tägliche Speisenfolge einzubeziehen, lächelt, sei gesagt, daß all unsere groben und feinen Gemüsearten nichts anderes sind als nach unserem Geschmack zurechtgezüchtete Wildpflanzen. Warum sollen wir also nicht einmal wieder an die Quelle zurückkommen, vor allem jetzt, wo dringendes Bedürfnis danach besteht. Machen wir also ruhig einmal einen Versuch. Etwa mit Löwenzahn, mit Brennessel, mit Gänseblümchen und Sauerampfer. Sie wachsen überall, lassen sich wie Salat, Spinat oder zu Suppen zubereiten und vor allem, sie schmecken großartig.

Gemüsebrühwürstchen ohne Darm
Sie haben sich bereits gut bewährt

Im vorigen Jahr regte die Hauptvereinigung der Deutschen Viehwirtschaft die Herstellung von Brühwürstchen mit Gemüsezusatz an und bestimmte gleichzeitig die Zusammensetzung dieser Wurst, die zum Warmessen in Form von Bockwurst hergestellt wird. Diese Gemüsewürstchen, die in doppelter Menge auf Fleischmarken abgegeben werden, haben sich als bekömmliche und gutsättigende Würstchen sowie als vorteilhafte Beigabe zu warmem Mittag- und Abendessen erwiesen, so daß sie in allen Gegenden Deutschlands eine gewisse Beliebtheit erlangten. Auch in diesem Jahre wird bei Eintritt der kälteren Witterung das Gemüsewürstchen wieder zu haben sein.

Als sehr mißliche tritt nun bei der Fabrikation die Frage der Darmbeschaffung in Erscheinung, da mit dem großen Umsatz dieser Würstchen naturgemäß auch der Darmverbrauch gestiegen ist. Man ist daher auf den Gedanken gekommen, eine darmlose Wurst zu fabrizieren, die auf verschiedene Weise hergestellt werden kann. Man kann z. B. — wie die „Deutsche Fleischerzeitung" schreibt — das Würstchen in einem zurechtgeschnittenen Schweinedarm einspritzen und dann die einzelnen Würchen in den Kessel ausstreichen, so daß sie nebeneinander im Kessel schwimmen. Manche Fachleute haben sich nach eigenen Ideen Formen aus Metall geschaffen, ein Fleischmeister benutzt zu der Wurstherstellung ein von ihm selbst erdachtes Futteral aus grober Leinwand, das sich für die Herstellung von darmlosen Brühwürstchen gut bewährt. Die Fleischwarenindustrie fabriziert ebenfalls darmlose Brühwürstchen in großen Mengen.

An Süßwaren gab es ja auch nicht sehr viel. Und ich hatte das Kind. Das wollte ja mal was Süßes. Dann habe ich aus Kartoffeln und Grieß Marzipankartoffeln gemacht: Kartoffeln gekocht, zerstampft, ganz klein gedrückt, mit Grießmahl und Puderzucker vermengt, wenn man hatte, und Bittermandelöl drangetan.

Und wenn es dann zu fest wurde, ein bißchen Milch durchgemengt. Dies Bittermandelöl, das gab schon den Marzipangeschmack. Und die Hauptsache war ja, daß es nach Marzipan schmeckte irgendwie.

Aber später hat der Junge das gar nicht gewollt.

«Mag nicht, Mutti», hat er gesagt. «Mag nicht!»

Ja, da muß ich ehrlich sein. Unser Junge, der war von all dem Bombenalarm gar kein großer Esser mehr. Wenn der essen sollte, der war immer satt.

«Ich bin satt! Ich bin satt!! Ich bin müde!!»

Das war immer so. Irgendwie hat das Kind das nicht wegdrücken können. Wir hatten fast täglich Bombenalarm. Und zur Sicherheit mußte man den Keller aufsuchen. Später gab es dann zweimal am Tag Alarm und öfter. Immer wieder in den Keller.

Nein, das war kein normaler Alltag mehr!

Liese und Miese

Die prominenteste unter den Propagandafilm-Stars war wohl
Brigitte Mira als Miese.

Das Duo Miese und Liese erreichte seine Popularität auch
durch Karikaturenserien und Gedichte, die gleichzeitig zu den
Filmen in Zeitungen und Zeitschriften erschienen. Der folgende Spot trägt den Titel «Die Weihnachtsgans».

Auf einem Bahnhof der Deutschen Reichsbahn. An einem Fahrkartenschalter steht eine Menschenschlange. Ein Mann wendet sich ärgerlich an die Schalterbeamtin.

Mann:
Also, Sie wollen mir keine Fahrkarte geben?

Schalterbeamtin:
Nein, mein Herr!

Mann:
Aha!

Schalterbeamtin:
Ich kann Ihnen keine geben. Wenn Sie keine Bescheinigung haben...

Mann:
Ja, natürlich, Bescheinigung! Selbstverständlich! Das ist ja immer wieder dasselbe! Nicht mal zu Weihnachten nach Hause!

Der Mann lacht ärgerlich auf.

Schalterbeamtin:
Es tut mir wirklich leid, aber ich habe meine Vorschriften!

Mann:
Ja! Sie haben Ihre Vorschriften! Sie! Wenn Sie nur Ihre Vorschriften haben. Das ist ja die Hauptsache, ist ja das!

Der Mann wendet sich einem Aufsichtsbeamten zu, der neben dem Schalter steht.

Mann:
Ach, bitte, einen Moment! Ja? Also, ich will zu Weihnachten nach Hause, und diese Dame verweigert mir die Fahrkarte.

Der Aufsichtsbeamte nickt.

Mann:
Das ist doch unglaublich! Oder?

Aufsichtsbeamter:
Das hat schon seine Richtigkeit. Lesen Sie mal die Bestimmungen in den Zeitungen nach! Die sind dieses Jahr besonders ausführlich.

Ein Reisender, der auf einer Bank sitzt und auf seinen Zug wartet, mischt sich ein.
Er liest in einer Zeitung, in der wohl der betreffende Artikel steht.

Reisender:
Ja, ja, ausführlich ist gar kein Ausdruck!

Da, sehen Sie mal, rund ein Dutzend Punkte, durch die man sich mühsam durchstudieren muß!

Er zeigt dem Mann die Zeitung.

Der Mann studiert die Bestimmungen.

Mann:
Das ist ja das reinste Doktorexamen!

Liese und Miese (Brigitte Mira) gesellen sich zu der Gruppe.

Miese: (überlegen)
Was heißt denn hier Doktorexamen, Herr Doktor!?

Miese tippt sich an die Stirn.

Köpfchen, Köpfchen!!
Ich darf fahren. Ich krieg meine Fahrkarte!

Liese:
Wieso denn ausgerechnet Sie? Sie haben doch ganz bestimmt keinen Grund zum Reisen.

Miese:
Und ob ich einen Grund habe. Sogar einen saftigen Grund.

Liese:
Einen saftigen Grund?

Miese zieht ein Telegramm aus ihrer Handtasche, reicht es Liese. Liese liest.

Liese:
Ah! Ein Telegramm!
«Kriemhild sanft entschlafen. Stop. Sofortige Anwesenheit zur Beerdigung unerläßlich. Stop.»
Tut mir aber leid!

Liese schaut Miese bedauernd an. Der Mann kondoliert.

Mann:
Schließe mich meiner Vorgängerin vollinhaltlich an!

Auch der Reisende hat sich von der Bank erhoben, gibt Miese die Hand.

Reisender:
Ebenfalls! Ebenfalls!

Liese macht ein nachdenkliches Gesicht.

Liese:
Aber Kriemhild? War das eine Verwandte von Ihnen? Die kenn ich ja gar nicht.

Miese nimmt Liese am Arm, zieht sie ein Stück von den anderen weg. Legt den Finger auf die Lippen.

Miese: (flüstert)
Pst! Geheimnis!

Liese:
Wieso? War sie denn schon so alt?

Miese: (gar nicht traurig)
Och! Ein Jahr vielleicht...!

Liese bedauert sie.

Liese:
So jung! Ach, das ist aber traurig!
War sie krank?

Miese lacht.

Miese:
Um Gottes willen! Kerngesund!
Rund und fett.

Liese:
Da versteh ich nun wirklich nichts
mehr.

Miese deutet mit dem Kopf auf
den Mann und den Reisenden,
hinter denen auf einer Plakat-
wand ein Plakat mit der Auf-
schrift «Pst! Feind hört mit!»
klebt.

Miese:
Soll ja auch keiner. Feind hört
mit! Man muß ja so vorsichtig
sein heutzutage, wenn man was
erreichen will, nicht!?
Und – gut getarnt ist halb gegess-
sen.

Liese:
Ach, jetzt versteh ich! Kriemhild
ist gar keine Verwandte von Ihnen...!

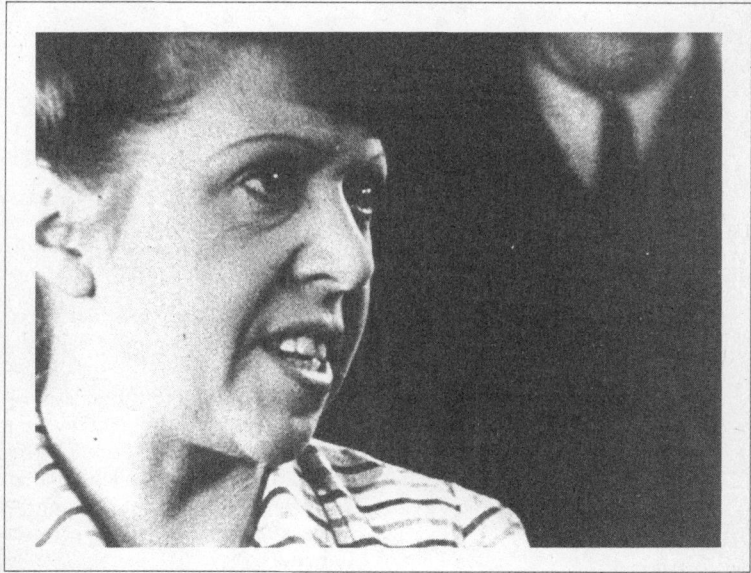

Miese:
I wo! 'n Piepmatz!

Liese:
Sie haben einen Vogel!

Miese:
Erraten! Für mein Geld, achtzehn Pfund!

Miese nickt mit verschwörerischem Blick.

Liese:
Ach, 'ne Gans! Und deswegen wollen Sie fahren! Und sogar über fünfhundert Kilometer!

Miese:
Von mir aus tausend.

Liese:
So. Aber was ist denn das mit der Beerdigung?

Miese deutet mit dem Finger in ihren geöffneten Mund.

Miese:
Beerdigung? Hier! Zu Weihnachten!

Liese:
Ich glaube, zu dieser Beerdigung werden Sie nicht erscheinen. Entschuldigen Sie bitte, darf ich mal?

Liese geht zu dem Reisenden, nimmt dessen Zeitung.

Reisender:
Bitte schön!

Liese blättert in der Zeitung, sucht den betreffenden Zeitungsartikel, den sie schließlich auch findet.

Liese:
Danke schön! So, wo ist denn das? Ach, hier steht's schon! Hier! Bitte! (liest:)
«Bei Erkrankung und Beerdigung der nächsten Angehörigen wird verlangt: polizeiliche Bescheinigung auf Grund von stichhaltigen Unterlagen, die eine Nachprüfung auch nachträglich ermöglichen.»

«Eine Büchersammlung...

... ist der Gegenwert eines großen Kapitals, das geräuschlos unberechenbar Zinsen spendet.»

Dieses Goethe-Wort könnte beinahe auch für Pfandbriefe gelten, allein: dafür bedarf es keines *großen* Kapitals, und die Zinsen sind berechenbar.

Pfandbrief und Kommunalobligation

Meistgekaufte deutsche Wertpapiere - hoher Zinsertrag - schon ab 100 DM bei allen Banken und Sparkassen

Verbriefte  Sicherheit

Ein Soldat in Uniform und mit Marschgepäck beobachtet die Gruppe. Miese hat Liese über die Schulter geschaut und mitgelesen.

Miese:
Tatsächlich! Das steht da! So ein Reinfall! Heute ist ja alles verboten, nicht mal einen Vogel darf man mehr haben!

Liese läßt die Zeitung sinken. Lacht.

Liese:
Entsetzlich! Das war Kriemhilds Rache!!

Die Umstehenden lachen. Miese macht eine wegwerfende Handbewegung.

Miese:
Wenn es so nicht geht, hab ich Pech gehabt. Nur nicht weich werden! Wird noch 'ne andere Möglichkeit geben. Sagen Sie mal, wer darf denn überhaupt reisen? Hier!

Miese: (liest)
«Väter zu ihren evakuierten Familien.» Das betrifft mich nicht.
«Bombengeschädigte zu ihren Verwandten.» Ist auch nichts.
«Rüstungsarbeiter zu ihren Angehörigen.» Auch nicht.

Miese nimmt Liese die Zeitung ab. Sucht in dem Zeitungsartikel die entsprechende Passage.
Miese hat gefunden, was sie suchte.

Miese:
Aber hier!

Reisender:
Was denn?

Miese:
Hier.
(liest)
«Bescheinigungsfreies Reisen...»

Reisender:
Ach, das nützt Ihnen auch nichts! Ohne Bescheinigung darf man nur in zuschlagfreien Zügen und dann nur bis hundert Kilometer fahren.

Liese:
Also geben Sie's ruhig auf. Meinen Sie, ich würde nicht auch gern reisen? Und wie gern! Mein Bruder liegt im Lazarett. Aber das geht doch nun mal nicht. Die Reichsbahn hat jetzt andere Aufgaben, als Sie sanft zu Ihrem Kriemhildchen zu schaukeln zu Ihrem Privatvergnügen.

Der Soldat, der der Unterhaltung der vier mit wachsendem Mißvergnügen gelauscht hat, tritt zu der Gruppe.

Erst siegen – dann reisen!

Denke daran:

Räder müssen rollen für den Sieg!

Soldat:
Da haben Sie recht! Kinder, Kinder, da kommt einem ja der Kaffee hoch, wenn man euch hier so zuhört. Draußen geht's auf Biegen und Brechen und hier keine anderen Sorgen, als wie man die Bahn noch mehr belasten kann. Wir wollen den Krieg doch schließlich gewinnen!

Miese:
Wem sagen Sie das? Als ob ich darüber zu bestimmen hätte...!

Soldat:
Sie auch! Noch ein paar so verantwortungslose Figuren wie Sie, und der Waggon ist wieder voll. Und gerade der Waggon fehlt uns nachher, um unsere Munition, Nachschub und Verpflegung ranzubringen.

Liese:
Und nicht nur draußen, sondern auch hier. Für die Rüstung, Kohle, das Eisen, die Fertigprodukte... Ist doch ganz bestimmt wichtiger, als daß Sie zu Ihrem Weihnachtsbraten kommen!
Jetzt, wo's ums Ganze geht, soll jeder vernünftig sein und nicht reisen, sondern schön hier bleiben.

Soldat:
Na also! Ich wünschte, ich könnte hier bleiben. Mir würde es schon gefallen.

Der Soldat blickt Liese verliebt an. Dann sieht er die Bahnhofsuhr, vergleicht die Zeit mit seiner Armbanduhr.

Soldat:
Sehr hübsch sogar. Sehr hübsch! Meine Güte, mein Zug! Mein Zug fährt ab.

Liese:
Gute Reise!

Der Soldat schultert sein Gepäck und geht.
Miese schaut ihm empört nach.

Soldat:
Wiedersehen!

Miese:
Einen Ton haben diese Leute! Entsetzlich!

Miese zieht Liese ein Stück weit von den anderen weg. Bleibt dann stehen.

Miese:
Übrigens – haben Sie nicht einen Schwager, der bei der Reichsbahn ist?

Liese:
Ja. Was soll denn der?

Miese:
Ich meine, wir beiden, wir kennen uns doch... nicht...

Liese:
Ja, allerdings...

Miese:
Und – ich weiß doch auch, daß Sie keine Kostverächterin sind...

Liese:
Ach nein, nicht direkt...!

Miese:
Und Kriemhild wird ja nicht das einzige Kind auf dem Gut sein...

Liese versteht.

Liese:
Ach so!

Miese:
Würde doch ganz hübsch sein, wenn ich Ihnen auch so einen lekkeren Vogel mitbrächte.

Liese:
Hm. Und da soll ich versuchen über meinen Schwager...

Auch diese „Schlange" spritzt ihr Gift,
wenn man in ihr die M i e s e trifft,
denn der ist kein Gerücht zu dumm:
sie flüstert, tratscht und trägt es 'rum!
Der L i e s e raubt die Zuversicht
dies „Schlangengift" noch lange nicht!

Jetzt!

Dem Griff der Hausfrau wehrt das weiße Linnen:
„Paß auf, paß auf, du brauchst mich noch einmal!"
Doch diese, ohne lang sich zu besinnen,
spricht nur: „Ich weiß, doch das ist heut' egal.
Wo du nun hinkommst ohne viel Gezeter,
braucht man dich je tz t, drum denke nicht an später."

Nun steht die Hausfrau vor der Resten-Lade,
die manchen guten Flicken aufbewahrt,
und jeder schreit: „Halt ein, 's ist um mich zu schade,
ich kann dir dienen noch auf bessere Art!"
„Auf bess're?" lächelnd da die Hausfrau spricht,
„besseren Dienst als je tz t gibt's für dich nicht!"

Und auch im Kleiderschrank kommt's zum Gedränge.
„Schaff' mich nicht weg!" so steht es im Choral
und jedes will, daß es noch weiter hänge:
„Nur heut! noch nicht, vielleicht das nächste Mal!"
Bald ist die Jammerfeier abgestellt —
Je tz t! heißt das Urteil, das die Hausfrau fällt.

Nun tritt sie vor die alte, bunte Truhe,
drin viel Erinn'rung von herzlieber Art.
Was Stoff und Faser ist, kommt aus der Ruhe
und rüstet sich zu neuer Wanderfahrt.
Ein Tränlein, das ihr still die Wange netzt,
es gilt dem „Einst", doch Sieger bleibt das „J e tz t"!

Frau Knöterichs Winterspende

Zu Frau Ludmilla Knöterich
Begab der Zellenleiter sich,
Ob er nicht auch zur Winterspende
Bei ihr etwas zu holen fände.

Frau Knöterich bedauert sehr:
Wie gern gäb' sie etwas her —
Jedoch in keinem ihrer Spinde
Sich etwas Wollenes befinde.

Und auch an Pelzen sei sie arm —
Der ihre hielt schon nicht mehr warm —
Nur von dem Manne ihrer Schwester
Hab' sie im Schrank einen Südwester.

Den hätte sie zwar reserviert,
Doch hielt sie ihn für deplaciert,
Und an der Front auf falschem Posten —
Denn ein Südwester im Nordosten — — —?

Ein Zellenleiter hat Geduld —
Und weiß, Bequemlichkeit ist schuld.
Nicht immer liegt es an Ludmillen
Am mangelhaften guten Willen!

Gab ihr ein praktisches Rezept,
Wie man zwei Fausthandschuhe steppt.
Und so ging ohne große Kosten
Doch der Südwester nach Nordosten.   G. O. W.

Die Kostprobe

Kostproben sind etwas, das besonders Hausfrauen
zu schätzen wissen. Denn sie wissen, daß es dabei
nicht nur um das „Kosten" selber geht, sondern gleichzeitig immer um ein neues Rezept, das man
baldigst selber ausprobieren kann.

Dieser Tage klingelte es an unserer Wohnungstür.
Draußen stand unsere Nachbarin, sie hielt einen kleinen
Teller mit hellgelben Plätzchen in der Hand und sagte
lächelnd: „Ich wollte Ihnen nur eine kleine Kostprobe
bringen — gerade habe ich meine Plätzchen aus dem
Ofen geholt und sie finde, die schmecken ausgezeichnet."

Kurz darauf saßen die beiden Hausfrauen im
Wohnzimmer und beide aßen eines der soeben aus
dem Ofen gekommenen Plätzchen. „Ausgezeichnet",
sagte meine Frau, „und so schön knusprig — mit
Grieß?" Unsere Nachbarin nickte: „Natürlich. Und
ganz ohne Fett. Allerdings habe ich diesmal ein Ei
sichendiert — aber wenn man gerade keins hat, geht es
auch ohne!"

„Fabelhaft!", sagte meine Frau, „das Rezept
müssen Sie mir gleich geben!" Sie holte Bleistift
und Papier. „Also, nun sagen Sie es mir mal ganz
genau: Wieviel Grieß, Zucker, Milch?" Alle Zutaten eines Backrezeptes für Grießplätzchen rauschten
an meinem Ohr vorbei. Es wurde von Vanillezucker und Backaroma gesprochen, vom Einfetten des
Kuchenblechs und zehn Minuten Backzeit. „Natürlich, man schiebt sie in den warmen Ofen!", sagte die
Nachbarin.

Ihm es gleich zu sagen, wir Männer verstehen
so von Rezepten wenig. Aber von Kostproben umso
mehr. Frau Hartwig von nebenan bot mir auch ein
Plätzchen an. Ich fand es überaus gelungen. Und
machte das Gesicht eines Fachmanns. „Alle Achtung",
sagte ich anerkennend, „haben Sie übrigens schon mal
den Kartoffelkuchen meiner Frau probiert, den sie
manchmal backt?" „Natürlich", sagte Frau Hartwig,
„davon hat mir doch Ihre Frau unlängst eine Kostprobe gebracht . . . !"

Ich persönlich bin ein ausgesprochener Freund
von Kostproben. Sie sind auch für uns Männer in
jeder Beziehung wertvoll . . .

Miese lacht.

Miese:
Eben. Drum. Wissen Sie, ich will da in die Nähe von Frankfurt. Und – wenn Sie mir das machen könnten – wie gesagt!

Liese denkt nach.

Liese:
Ja, da müßte man...

Miese:
Sehen Sie, wo ein Wille ist, da ist auch ein Weg! Einen Weg, wenn Sie den wüßten...!

Liese:
Da wüßte ich schon einen Weg...

Miese freut sich.

Miese:
Sehen Sie, sehen Sie... Sie sind ein Engel!
Und der wäre...?

Liese: (trocken)
Ganz einfach. Zu Fuß. Über Leipzig.

Irgendwie hat man doch ein Herz

Folgendes Gespräch wurde mit zwei Frauen geführt:

mit
Grete Raddatz, 1916 in Gelsenkirchen-
Erle geboren. Verkäuferin in einem
Feinkostwarengeschäft

und
Ruth Grzywatz, 1929 als Tochter eines
Bergmanns geboren. Beide leben auch
heute noch in Gelsenkirchen.

Frage:

Da fährt eine Straßenbahn Gemüse durch die Stadt. Da wird Tabak im Garten angebaut. Da werden die Bürger aufgefordert, Seidenraupen zu Hause zu züchten: Berichte aus Gelsenkirchen zur Zeit des Zweiten Weltkrieges.

Sie haben damals hier gelebt. Wie ist es Ihnen in diesen Jahren gelungen zu überleben?

Grzywatz:

Damals hat man sehr vieles möglich gemacht, indem man einiges versetzt hat. Mein Vater, die Männer in unserer Verwandtschaft, davon waren viele auf'm Pütt. Und die Männer auf der Zeche bekamen schon mal eine Flasche Schnaps oder Tabakwaren als Deputat, und das wurde dann umgesetzt in Lebensmittel beim Bauern.

Da bestand die Möglichkeit, daß man einen Beutel Mehl bekam oder ein paar Kartoffeln oder Raps. Raps war damals ganz groß «in», weil man da Öl draus machen konnte.

Frage:

Wie hat man das gemacht?

Grzywatz:

Ja, das war so eine Art Fleischwolf. Da kam dann irgendwie eine Presse drauf, und damit wurde der Rapssamen ausgepreßt. Da tropfte auf der einen Seite das Öl raus, und auf der anderen Seite kamen die Hülsen raus, wie eine Wurst zusammengepreßt. Das war natürlich Marke Eigenbau. Es wurde in diesen Jahren ja viel erfunden.

Das hat man sich gegenseitig unter Bekannten und Verwandten dann auch ausgeliehen.

Frage:

Sie haben gesagt, Sie hätten Kartoffeln eintauschen können beim Bauern, etwas Mehl... Was wurde dann daraus gekocht?

Nährmittelgerichte

Brotgerichte

Hauptgerichte
einmal
ohne Fleisch!

Gemüsegerichte

Kartoffelgerichte

Rezeptdienst
Herausgegeben vom Reichsausschuß für Volkswirtschaftliche Aufklärung, Berlin

Grzywatz:

Vor allen Dingen Suppe. Suppe war das A und O. Damit konnte man einiges machen. Die Suppe konnte man verlängern, verdicken, verdünnen, je nachdem, wie es einem einfiel.

Raddatz:

Und wenn kein Fleisch da war, dann wurde Kartoffelsuppe mit Rapsöl gemacht. Grünes war im Garten. Wir waren ja hier alle in der Lage, einen Garten zu haben. Da wurde Grünes angebaut: Petersilie, Porree, ein paar Möhren. Und das kam dann auch in die Suppe.

Und dann – ich habe ja gearbeitet, und da habe ich gesehen, daß ich der Mutter immer ein bißchen was mit nach Hause brachte.

Frage:

Wo haben Sie gearbeitet?

Raddatz:

In Buer bei der Epa, damals hieß das noch Epa, später Kepa...

Frage:

Einer Art Supermarkt!?

Raddatz:

Ja. Als Verkäuferin.

Frage:

Und da ging dann auch mal was unter der Theke weg?

Raddatz:

Das kann ich Ihnen wohl flüstern. Für ein Ei habe ich eine Batterie gegeben oder ein bißchen Speck gekriegt. Da kam dann der Onkel Heini – so nannten wir unseren Chef –, der kam dann. Der hatte mit allen da rumgekungelt. Woher der die Sachen hatte, weiß ich nicht.

Jedenfalls war ich von der Lebensmittelabteilung in die Lampenabteilung gekommen, da gab es aber auch elektrische Ersatzteile und alles so 'n Kram. Ja, und wenn wir eine Zuteilung an Batterien bekamen, dann kriegte erst mal das Personal etwas davon. Nicht alle. Nur die, mit denen wir uns gut standen.

«Hör mal, ich brauche einen Aufnehmer, kannst 'ne Batterie haben!»

Und der Onkel Heini kam:
«Ich brauche Batterien!»
«Ja, wieviel? Und was kriegen wir dafür?»
«Ja, u. T.!»

Frage:
U. T.?

Raddatz:
Also «unter der Theke». Ja, und mittlerweile hat der Chef dann gemerkt, daß nicht nur er gekungelt hat, sondern auch wir.

Ich wurde dann dienstverpflichtet, so gut konnte der mich leiden. Ich mußte zum Hydrierwerk, nach Scholven! Also gezwungenermaßen arbeiten.

Ich war in der Benzinherstellung. Und da mußte ich dann Wechselschicht machen.

Morgenschicht, Mittagschicht, Nachtschicht, gearbeitet haben wir genau wie die Männer.

Frage:
Was hat man denn da gegessen. Ist man da auf dem Werk verpflegt worden?

Raddatz:
Von wegen! Die Schnitte Brot mußte man sich mitbringen! Dabei hab ich übrigens meinen Mann kennengelernt.

Frage:
Beim Essen?

Raddatz:
Bei 'ner Stulle! Das war so: Im Werk und auf der Nachtschicht, da kamen die, die immer Reparaturdienst hatten, unten in dem Bedienungsraum zusammen.

Na, da haben wir uns quasi so in die Augen geguckt, so halb verliebt. Und da hat er sein Butterbrot ausgepackt, da hatte der gebackenes Ei drauf. Und ich habe da so lechzend hingeguckt. Da hat er mir das Brot gegeben und hat gesagt:
«Komm, iß das!»

Ja. So hat das mit meinem Mann angefangen. Später hat er dann erzählt, daß sie auch noch ein Schwein haben, da hatte ich Schwein im doppelten Sinne, nicht?!

Ja, wer ein Schwein hatte – und wir hatten keins –, das war schon was. Der konnte besser durchkommen.

Grzywatz:
Wir hatten ein Schwein. Wir hatten das Glück. Wir hatten einen Garten und noch ein Stückchen Land dazu. Als Mutter noch zu Hause war, hatten wir ein Schwein, und damit haben wir uns wirklich über Wasser gehalten.

Fett war das A und O: Man tat ein paar Zwiebeln in die Pfanne, ein bißchen Fett rein, ein bißchen Mehl rein, da hatte man Schmalz und hatte die ganze Woche was aufs Brot davon, das war wirklich immer gut. Und wenn man Suppe kochte, dann kam da etwas Speck dran und noch ein paar schöne Brotstückchen, in Fett gebacken.

Frage:
Wer hat denn das Schwein geschlachtet?

Grzywatz:
Der Metzger. Sie durften ja nichts allein machen, das war ja alles unter Kontrolle. Da konnte man nicht mal ein Stück unter der Hand wegmogeln. Das gab es nicht. Das wurde alles genau registriert.

Aber ich kann mich da noch an einen Fall erinnern: Wir hatten ein Schwein im Stall. Und auf einmal wurde das krank. Rotlauf!

Das Fleisch muß ja dann an und für sich vergraben werden, weil Rotlauf ja eine Krankheit ist, die sehr gefährlich werden kann. Aber eher für Futtertiere als für Menschen.

Dann wurde das Schwein also totgemacht, und dann haben wir den Trichinenbeschauer angerufen und haben das gemeldet.

Der kam dann. Und der hat uns dann Tips gegeben: Wenn wir die Haut, also die Schwarte von dem Schwein ablösten, konnten wir das Fleisch im Moment noch essen.

Also sozusagen zum alsbaldigen Verbrauch bestimmt. Er hat aber dann so getan, als wenn wir das vergraben hätten. Davon konnte man natürlich nichts einkochen oder pökeln. Das nicht. Aber es gab ein großes Festessen.

Das durfte natürlich keiner merken, sonst war das zu gefährlich.

Raddatz:

Also unter der Hand wurde sowieso manches Schwein geschlachtet, das steht fest. Ja, dann wurde das Radio ganz laut gedreht, daß keiner das Schreien vom Schwein hörte. Das war ja alles ganz gefährlich. Auf Schwarzschlachtung stand ja die Todesstrafe.

Grzywatz:

Wir hatten Nachbarn, ein älteres Ehepaar, die nun gar nichts hatten, keine Hühner, keine Schweine, die nun auch gar nicht so rauskamen. Die baten dann meine Mutter, die Kartoffelschalen nicht wegzuwerfen, obwohl wir ja ein Schwein im Stall hatten, das das genauso hätte gebrauchen können.

Die Mutter hat dann immer heimlich im Kellerfenster ein Körbchen rausgestellt. Da waren die froh. Ich nehme an, daß da auch noch ein paar Kartoffeln mit drin waren. Denn es ging uns ja noch einigermaßen gut, nicht, wir hatten eine Großmutter, die in Ostpreußen wohnte, die schickte uns dann auch immer noch was.

Und da waren die Nachbarn dann froh, daß sie Kartoffelschalen bekamen. Da half man sich dann eben.

Zum Beispiel: Es hatten auch alle hier einen Garten. Und wenn bei uns der Kohl dann – der wurde ja immer abgebrochen – oder die Runkelblätter, wenn die abgebrochen waren, man hatte nichts mehr, und der Nachbar hatte noch was im Garten, der hat uns dann zeitweise was zukommen lassen. Dann hat man gesagt:

«Nächstes Mal, wenn unser Kohl soweit ist, dann kriegt ihr mal wieder was!»

Raddatz:

Ja. Kohl und Kappes, das hat man gegessen.

Grzywatz:

Da haben die dann auf der Zeche eine Großküche eingerichtet, für die Leute da. Das weiß ich. Vater war in der Schreinerei, und der brachte da wohl immer Holz hin. Und er bekam da auch immer einen Teller Suppe ab: Kappessuppe oder Brotsuppe oder Hirsesuppe. Das war ja egal, Hauptsache was Eßbares.

Und Vater brachte dann abends seine Ration mit, die hatte er ja nun nicht gegessen. In so 'nem kleinen Marmeladeneimer. Oben drauf lagen dann ein paar Scheiben Brot. Heute würde das ja niemand mehr

Alles saß um einen Topf...

Ein Sonntag im Zeichen von Hammelfleisch mit Bohnen, Speckerbsen und Gemüsesuppentopf

ek Niemand wird's mir übelnehmen, wenn ich gestehe, daß ich mich an die Bezeichnung „Opfersonntag" nicht gewöhnen kann. — mir liegt nun einmal der „Eintopfsonntag" näher, obwohl ich bekennen muß, daß ich mich bisher nie so recht der innerlichten Definition dieses Wortes angeschlossen habe. Und das hat seinen Grund! Wenn der Eintopfsonntag kommt, erwarte ich ihn mit besonderer Spannung, die insofern mit Vorschußfreude gespielt ist, als ich nun einmal eine Schwäche für Eintopfgerichte habe, und die darüber hinaus ihre natürliche Auslösung findet, wenn ich mittags am Tisch sitze.

Gestern gab's wieder einmal Suppentopf, und wie ich's beim Suppentopf immer gehalten habe, bin ich abends noch einmal erschienen, um mir die zweite Auflage dieses Gerichts zu Gemüte zu führen, — und da ich das an jedem Eintopfsonntag besorge, kann ich eigentlich garnicht von einem Eintopfsonntag sprechen, ich müßte eigentlich „Zweitopfsonntag" sagen... Das idealste Eintopfgericht ist nun einmal der „Suppentopf"! Es ist einmal „alles drin", zum anderen braucht man als Besteck nur den Löffel, und mit diesem Instrument umzugehen, haben wir bereits im zartesten Kindesalter gelernt. Man kann sich mit dem Löffel in der Hand wieder einmal so geben, wie man von der Natur geschaffen ist, man braucht nicht mit Messer und Gabel zu hantieren, und Fehler gegen die Tischregeln sind beim Suppentopf nahezu ausgeschlossen, — was immerhin beruhigend wirkt! Man kann sich ohne Ueberlegen mit Genuß dem Essen hingeben, man hat nicht zu befürchten, daß man bei irgendeiner schreckhaften Bewegung einem die Erbsen vom Messer rollen usw. usw...

Natürlich hat jeder seine besondere Vorliebe, auch was das Eintopfgericht anbetrifft, und da sich im Laufe der Zeit unsere Hausfrauen und Köche in der Erfindung immer neuer Gerichte gegenseitig übertreffen, ist das nicht nur natürlich sondern auch zu begrüßen... Wie schnell wäre sonst das Thema „Eintopfgericht" am betreffenden Sonntag erledigt! Ich habe gestern siebenundzwanzig Personen gefragt, was es denn gegeben habe, und es ist mir eine Speisekarte unterbreitet worden, die der Kochkunst aller Beteiligten das allerbeste Zeugnis ausstellt... Gewiß, die Speckerbsen — Kinder, woher nehmen die Frauen bloß den Speck? — waren selbstverständlich in der Ueberzahl, dann folgten „Grüne Bohnen durcheinander" mit Schweinefleisch, „Kaps durcheinander" mit Mettwurst... Linsen- und Bohnensuppe werden wohl erst später in stärkerem Maße auf den Eintopftisch kommen; — der Suppentopf war unter den siebenundzwanzig Befragten nur ein einziges Mal vertreten, — man ersieht daraus, wie originell er ist!

Selbstverständlich habe ich auch meine Bekannten nach ihrem Opfer gefragt. Sie haben alle wieder gegeben, selbstverständlich, und eine Frau erzählte mir, daß sie sich angewöhnt habe, jedesmal zur Eintopfsammlung den Betrag zu geben, der den Unterschied zwischen den Aufwendungen für das teuerste Wochengericht und für das Eintopfgericht ausmache.. Das ergebe immerhin allerhand für den Verwöhnheit ihres Mannes. — Natürlich mußte der Mann herhalten, obwohl die Frau nicht gerade zu ausschelt, als ginge sie einem raffinierten Spargelgericht mit den entsprechenden Vor- und Nachspeisen aus dem Wege...

Freuen wir uns, daß wir uns diesmal mit dem Eintopfgericht beschäftigen können, — wir haben es dann nicht nötig, uns mit dem Wetter zu befassen, das gestern alles andere als festlich war. Lassen wir uns daran genüge sein, uns des Eintopfs zu erfreuen, und nehmen wir den ersten Sonntag gleich zum Anlaß, die solcherart aus dem Monat hervorgehobenen Sonntage durch ein paar Reime zu unterstreichen...

Alles unter einem Hut,
Und der Hut steht uns sehr gut!
Wir fühlen uns wieder ganz enorm,
Gewissermaßen in steigender Form...
Wir ziehen alle an einem Strick,
Ein Ziel gibt's nur für unsern Blick:
Wir schreiten vorwärts in Schritt und Tritt
Und reißen den letzten Zagen mit!
Ein Wollen, ein Streben hält uns frisch,
Wir sitzen zusammen an einem Tisch,
— Ganz Deutschland saß gestern Kopf an Kopf
In Einheit zusammen um einen Topf!

Arme Frau Schulze...

Sie versteht die Welt nicht mehr, die arme Frau Schulze. Trifft sie auf dem Wochenmarkt ihre Nachbarin, die Frau Meier.

„Können Sie das verstehen?"

„Was denn, Frau Schulze?"

„Aber ich bitte Sie!" Frau Schulze ist über die Gegenfrage ihrer Nachbarin ehrlich empört. Doch Frau Meier weiß wirklich nicht, worauf ihre Gegenfrage hinauswill.

„Ja, aber lesen Sie denn gar keine Zeitung?", fragte Frau Schulze schließlich, als sie keinen Ausweg mehr sieht.

Gewiß lese sie die Zeitung, gewiß, sehr gründlich sogar, meint darauf Frau Meier.

Ob ihr denn nichts aufgefallen sei? Nein sie wüßte nicht was. Die Siege unserer Soldaten seien überwältigend und ließen uns alle beruhigend und vertrauensvoll in die Zukunft sehen.

„Ja aber, Frau Meier, haben Sie denn nichts von diesem — diesem Kriegswinterhilfswerk gelesen? Da wollen sie jetzt einen — Opfersonntag machen."

Selbstverständlich habe sie das gelesen, sagt Frau Meier.

„Ja und — — — —?"

„Ich freue mich, Frau Schulze, daß ich am Sonntag mein kleines Opfer für die Innere Front unseres Volkes leisten kann."

Frau Schulze soll — nach Augenzeugenberichten — darauf eine halbe Stunde vergessen haben, ihren Mund zu schließen. Frau Meier hat ihr aber freundlich die Hand gereicht und „Heil Hitler" gesagt.

Stopp! Hier geht keiner durch die Maschen,
Der Banngut führt in seinen Taschen.

anschauen, geschweige denn essen. Aber für uns war das sehr viel. Von dem Brot konnte man wieder was anderes machen oder in der Pfanne rösten. Und von dieser Kappessuppe oder Wasserkappessuppe haben wir dann noch gelebt und sind auch satt geworden.

Frage:
Das war also dann eine Art Eintopf. Es gab aber doch damals auch diese Eintopfsonntage?

Raddatz:
Ja, Eintopf haben wir eigentlich immer gehabt, aber ein Sonntag im Monat, der wurde «Eintopfsonntag» genannt. Das stand im Kalender. Und da ging die NSV sammeln...

Frage:
Das ist die «Nationalsozialistische Volkswohlfahrt» gewesen!?

Raddatz:
Richtig. Da sollte das Geld gegeben werden, was man einsparte, wenn man Eintopf statt Sonntagsbraten aß. Und da gingen die von Haus zu Haus und haben in die Töpfe geschaut, ob die Leute auch wirklich Eintopf aßen.

Und einen Sonntag, da sind die ins Haus gekommen mit der Büchse und wollten sammeln. Und da sagt mein Bruder:

«Ja, meine Mutter ist Witwe, und wir essen ja eigentlich durchweg immer Eintopf, wir haben ja noch nicht mal Sonntagsbraten.»

Und wollte nichts geben.

Ja, da gab's Schwierigkeiten. Der da gesammelt hat, das war ein Polizist, und der hat uns angezeigt.

Dann mußte mein Bruder auf die Polizeiwache, ich wurde auch geladen.

Mein Bruder hat dann die Sache auseinandergelegt und kam dann zu mir raus und hat gesagt:

«Komm, komm, für dich ist die Sache schon gelaufen, du brauchst gar nichts mehr zu sagen.»

Und es ist dann auch nichts nachgekommen. Haben wir eben Glück gehabt.

Frage:
Woraus hat man denn die Eintöpfe gekocht?

Zur Altpapiersammlung

„Oh, du machst wohl Inventur über deine Verehrer, die dich mit Süßigkeiten und Geschenken überhäuften?!" „Diese ‚süßen‘ Erinnerungen werden im Zuge des totalen Krieges liquidiert, indem die leeren Schachteln und Kartons zur Altpapiersammlung kommen; du weißt ja: Aus Alt wird Neu!"

Die Siege der Front –
die Sicherung der Heimat!

Die Pflicht der Heimat – die Sicherung der Front! Dein Tagesbeitrag am 8. November: Deine reichliche Spende für die Reichssammlung: „Flaschen für unsere Wehrmacht!"

Raddatz:
Kappes, viel Kappes haben wir gegessen. Man war ja froh, daß man was hatte.

Grzywatz:
Auch Steckrüben. Das war das A und O. Steckrüben! Und dann hat man das viel mit Mehl gemacht. Das alles ein bißchen festzumachen. Der Magen hat ja einfach was verlangt.

Wir haben ja auch nicht des öfteren am Tag essen können, denn es gab meist nachts noch Fliegeralarm. Und dadurch wurde der Körper natürlich erheblich strapaziert. Bei uns war das dann so, daß wir am Abend was Derbes gegessen haben, da gab's dann Bratkartoffeln oder einen kräftigen Eintopf.

Raddatz:
Zu den Bratkartoffeln, da hatte meine Tante mir einen Tip gegeben und hatte mir gesagt, damit ich Fett sparen konnte:

«Gieß mal 'n bißchen Kaffee dran, damit die Bratkartoffeln schön braun werden, nicht!»

Grzywatz:
Damals gab's ja keinen Bohnenkaffee, sondern Kornkaffee, den wir in der Pfanne geröstet hatten ... Ich riech das heute noch! Ich mochte den Geruch. Stank zwar ein bißchen, aber ich mochte den Geruch. Die Kartoffeln waren natürlich ein bißchen matschig, aber dann habe ich sie einfach länger in der Pfanne gelassen, dann wurden die nachher doch schön, ein bißchen trocken und braun. Und da gab's Milchsuppe dabei, wenn Milch da war.

Raddatz:
Da gab es doch dieses Kinderöl, wie heißt das noch?

Grzywatz:
Lebertran ...?

Raddatz:
Richtig. Lebertran. Da hat meine Schwester – die hatte keinen Mann mehr, der ist unterwegs von Tieffliegern erschossen worden, die hatte

zwei schulpflichtige Kinder – da hat die mit diesem Lebertran Pfannkuchen gebacken. Das hat entsetzlich gestunken.

Ja, die mußte den Kindern ja was geben, die hatten ja Hunger.

Grzywatz:
Die Kinder haben ja in den letzten Kriegsjahren auch voll im Arbeits-
einsatz gestanden. Mit uns zusammen, nicht. Ich war ja schon älter und
mußte beim BDM mit ran. Erst diese Sammelaktionen, und dann
wurden wir eben verpflichtet, wenn ein besonders schwerer Luftan-
griff war, die Aufräumungsarbeiten zu machen.

Erst mal mußten wir natürlich mithelfen, die Leichen, die Verletz-
ten, aus den Kellern zu bergen.

Ich kann mich auch noch erinnern – da waren wir in Horst, Schloß
Horst. Da wurde dann alles arrangiert für die Ausgebombten. Wir
durften Butterbrote schmieren, eine Gulaschkanone wurde aufgefah-
ren... Wo das manchmal herkam, war uns selbst ein Wunder. Plötzlich
waren Nudeln da. Wir kriegten ja gar nichts. Es war zwar viel Maggi
dran, aber es schmeckte. Ja, das waren Situationen mit diesen Obdach-
losen. Ich weiß noch, da war ein Herr, der war im Sammellager im
Schloß Horst, der kam von der Zeche und hat die Frau und sechs Kinder verloren. Und diese Situationen, die man da erlebt hat als junger
Mensch, die kann man nicht so einfach vom Tisch putzen. Ich bin da
sowieso ein bißchen sensibel in solchen Beziehungen, ich kann auch
hart sein gegen mich selbst, aber da waren doch Situationen, die gingen
einem sehr an die Nieren.

Irgendwie hat man doch ein Herz. Ich kann mich noch erinnern –
hier an der Ecke von der Siedlung, da war ein Lebensmittelgeschäft,
ich mußte einkaufen. Und da ging ich so die Straße lang. Und da kam
so ein Trupp russischer Gefangener in barfuß und zwei Soldaten mit
aufgepflanztem Bajonett.

Da bin ich stehengeblieben, ich mußte mir das anschauen. Und der
eine von den Soldaten, der war unverschämt, der hat einem russischen
Gefangenen immer so in die Hacken getreten mit seinen dicken Stie-
feln. Und da habe ich gesagt:

«Was soll denn das?»

Da kam der auf mich zu, gab mir eine Ohrfeige und sagte:

«Du hast aber nichts gesehen!»

Durch so was ist man nachdenklich geworden. Das können Sie mir
glauben!

Ich habe eben viel Glück gehabt

Der Lebenslauf der Anna Teschner geht
aus dem Bericht über sie hervor.
Der Film, dessen Dreharbeiten im fol-
genden dokumentiert werden, wurde
erstmals 1981 in der ARD gezeigt.
Anna Teschner lebt heute in Essen.

Dreharbeiten zu einem Film. Das Thema: eine Widerstandskämpferin. Eine Dokumentation für das Fernsehen.

Unnötig, über Präliminarien zu berichten, bürokratische Akte, Vorbereitungen, Recherchen...

Wie kann ich, Rainer Horbelt, Sohn eines SS-Mannes, einen Film machen über das Leben einer Frau, die Widerstand gegen das Nazi-Regime geleistet hat, die in Gestapo-Kellern mißhandelt wurde, die in einem KZ fast zu Tode kam? Wie sich verhalten?

Ängste. Berührungsängste. Wie erlösend: keine Schwierigkeiten, Zugang zu bekommen. Das Gefühl, eine gemeinsame Sprache zu sprechen. Sie ist eine fröhliche Frau, die Anna Fichter, die heute Teschner heißt, weil sie nach dem Krieg wieder geheiratet hat, und die in der Zeit, aus der sie erzählen wird, den Decknamen «Erna» trug.

Ihre Wohnung: in einem Mehrfamilienhaus. Das Haus in einem Essener Vorort...

Die Wohnung: seltsam ordentlich. Aufgeräumt. Nur eine Zeitung, die Auskunft geben könnte. Die Bücher: in Schränken eingeschlossen, verborgen zunächst vor den Augen der Besucher.

Am Anfang: Routinefragen.

Anna Teschner wurde 1910 in Remscheid geboren und siedelte im Alter von vier Jahren nach Essen um.

Der Vater war Arbeiter, Schlosser, Dreher. Die Mutter Hausangestellte vor ihrer Heirat. Anna Teschner hatte vier Geschwister. Sie ist die zweitjüngste.

Der Vater ist ein politischer Mensch. Gewerkschafter. Sozialdemokrat. Ende des Ersten Weltkrieges wird er Gewerkschaftssekretär. Die Schwäger, die ins Haus kommen, sind Kommunisten. Und es gibt heftige Diskussionen über Politik. Frühes Lernen.

1924 wird Anna Teschner aus der Schule entlassen. Zum Besuch einer weiterführenden Schule ist kein Geld da. Sie besucht noch zwei Jahre eine Haushalts- und Gewerbeschule. Dann bleibt sie zu Hause, geht der Mutter im Haushalt zur Hand.

Im Haus hat der «Rote Frontkämpferbund» einen Büroraum und die «Rote Hilfe». Dadurch kommt das junge Mädchen mit vielen Leuten der Kommunistischen Partei zusammen.

Und dann erzählt sie von dem Mann, der ihr späteres Leben so sehr beein-flussen sollte:

«Oskar Fichter. Ja. Den lernte ich da auch kennen. Oskar Fichter war damals Gauleiter der ‹roten Jungfront›.

Was mich immer angezogen hat bei ihm – er war ein gebürtiger Schwarzwälder und verstand ausgezeichnet zu erzählen aus seiner Heimat. Er war sehr naturverbunden. Er lachte gern. Er sang gern. Er hatte einen herrlichen Bariton. Und – er hatte eigentlich nur Freunde.

Er war zwar bedeutend älter als ich, aber ich habe das nicht so emp-funden.

Auch meine Eltern waren sehr für ihn eingenommen. Sie hatten ihn gern. Meine Geschwister auch. Wir hatten also ein sehr gutes Verhält-nis miteinander. Später heirateten wir. 1928...»

Und die Frau, die dann Anna Fichter hieß, geht an den Schrank, schließt auf und kommt mit einem Fotoalbum wieder.

Das Hochzeitsbild: zwei Menschen, vor einem undefinierbarem Hinter-grund in einem Atelier von einem Fotografen aufgestellt. Zwei Menschen mit glücklichen Augen.

Fotos von einem Besuch im Schwarzwald 1931. Der erste gemeinsame Ur-laub. Schwere Zeiten! Oskar Fichter, von Beruf Steindrucker, kommt als Aquisiteur bei der Niederrheinischen Zeitung unter.

«Glückliche Jahre», sagt sie. Das seien die glücklichsten Jahre ihres Lebens gewesen. Und dann die Nazis:

«Als am 28. Februar 1933 das Reichstagsgebäude brannte, das war der Beginn des offenen Faschismus in unserem Land.

Mein Mann und ich, wir konnten nicht zu Hause bleiben, denn jetzt wütete ein furchtbarer Terror. Die Leute von den Schlägertrupps der SA, die konnten jetzt schalten und walten, wie sie wollten. Sie konnten politische Gegner einfach ausschalten: Sie gingen in die Wohnung und schlugen sie tot.

Und um dem zu entgehen, verließen wir natürlich unsere Wohnung, aber nicht allein, um uns in Sicherheit zu bringen, sondern auch um sofort in den Widerstand zu gehen.

Wir bildeten Gruppen. Das war natürlich parteipolitisch organisiert. Das waren Genossen von mir, die auch in die Illegalität gegangen sind. Mein Widerstand fing damit an, daß ich zunächst gefährdete Genossen in Quartieren unterbrachte, die sicher waren, sie mit Geld, mit Kleidung versorgte. Das mußte ja alles organisiert werden.

Als wir so die erste Phase überwunden hatten, dann ging man einen Schritt weiter. Man horchte auf irgend etwas, was sich tat...»

Im Herbst 1933 wird Oskar Fichter verhaftet. Er kommt erst zu Weihnachten desselben Jahres auf Grund einer von Hitler erlassenen Amnestie wieder frei. Muß sich aber täglich bei der Polizei melden. Die Situation für ihn ist gefährlich geworden. Als 1934 eine erneute Verhaftung droht, schickt die Partei Oskar Fichter in die Emigration nach Holland. Anfang 1935 folgt Anna Fichter ihm. Aus Anna Fichter wird eine Untergrundkämpferin mit dem Decknamen «Erna»:

«Wir legten den legalen Namen ab. Wir lebten ja illegal. Wir hatten keine polizeiliche Aufenthaltsgenehmigung. Die war uns verweigert. Wenn holländische Polizei uns auf der Straße angetroffen hat und wir konnten uns nicht ausweisen, dann wären wir abgeschoben worden über die Grenze nach Deutschland.

Ich war also die Erna. So wurde ich bei den holländischen Familien bekanntgemacht, bei denen wir untergebracht waren, und auch bei den Emigranten.

Es war ja so: Wir kannten uns nicht alle von der Heimat her. Wir kamen aus verschiedenen Gegenden. Das diente natürlich auch dem Schutz, wenn mal jemand in Deutschland gefaßt wurde.

Wir waren in Zirkel eingeteilt. Immer vier, fünf Personen zusammengefaßt. Wir machten politische Schulung, und darüber hinaus versuchten wir mit der Bevölkerung des Landes in Kontakt zu kommen. Zumindest mit den Leuten, die uns gut gesonnen waren.

Wir sprachen mit ihnen über unseren Kampf in Deutschland. Wir sammelten Gelder. Es waren Patenschaften, die sie dann übernahmen, womit dann unsere Emigrationsleitung Flugblätter und dergleichen drucken ließ, die dann natürlich auch von uns nach Deutschland transportiert wurden.»

Eine Autofahrt nach Luxemburg. Nach Echternach. Eine Brücke, die die Grenze zwischen Deutschland und Luxemburg markiert. Heute wie damals. Und dann steht «Erna» auf dieser Brücke. Auf der luxemburgischen Seite. «Erna» steht auf der Brücke, wie sie schon einmal dort stand. Pfingsten 1938. Anläßlich der Echternacher Springprozession, zu der auch viele Deutsche nach Luxemburg herüberkamen:

Ganz Echternach war voller Menschen, also zählen konnte man sie nicht. Wir standen auf der Brücke, zwei luxemburgische Freunde und ich, und verteilten Flugblätter an die Deutschen, die herüberkamen. Rundherum hatten sich viele Menschen angesammelt. Und so wurde die Flugblattaktion bald bemerkt, auf der deutschen und auf der luxemburgischen Seite.

Ich drehte mich um und sah dann beim deutschen Zollhaus auch viele SA-Leute. Deutsche, die nun über die Grenze kamen, mußten teilweise in das Zollhäuschen und wurden visitiert. Man sah es daran, daß sie noch ihre Kleider zuknöpften, wenn sie dann hier rüberkamen.

Dann schaute ich in die andere Richtung und sah zwei luxemburgische Polizisten kommen. Ich bemerkte, wie sie auf unsere Gruppe zukamen, und es gab so ein bißchen Gerangel, es waren noch mehr Leute geworden. Und von der anderen Seite versuchten einige SA-Leute auf die Brücke zu kommen.

Ich erkannte die Gefahr und dachte nur:

‹Hier mußt du weg! So schnell wie möglich!›

Und verschwand in der Menge. Ich hab mir da so einen Weg gebahnt, und es ist geglückt. Dabei halfen mir die luxemburgischen Freunde, die sich schützend um mich gestellt hatten.

Ja. Die Flugblätter. Natürlich haben die eine Wirkung gehabt. Zunächst war es schon ein großes Plus, daß wir selten jemanden hatten, der das nicht genommen hat. Also sie nahmen fast durchweg dieses Flugblatt an. Ich nehme an, sie haben das gelesen und dann irgendwie in die Tasche gesteckt. Sie waren ängstlich, aber sie haben es gelesen, das habe ich bemerkt.»

Erinnerungen werden wach. Und «Erna» erzählt von Erlebnissen während der Emigrationszeit, von Begegnungen mit Genossen, die auch emigriert waren, mit Ernst Busch, mit anderen.

Und auf der Rückfahrt, da singt sie im Auto plötzlich und unerwartet mit einer überraschend hellen und klaren Stimme eines der Lieder, die in der Emigration entstanden sind, «die Illegalen»:

> «Man sieht uns nicht, man kennt uns nicht,
> wir tragen keine Zeichen.
> Der Haß des Feinds verbrennt uns nicht,
> er kann uns nicht erreichen.
> Wir sind für ihn wie Luft und Wind,
> der Feind kann uns nicht greifen.

Er starrt sich seine Augen blind
und fühlt nur, daß wir reifen.
Wir spinnen unsere Fäden fort,
von Land zu Land,
von Ort zu Ort...»

Kriegsbeginn 1939. Bei Ausbruch des Krieges ist «Erna» in Belgien. Sie wird auf der Straße angehalten, verhaftet, interniert. Die Haft dauert von Oktober 1939 bis Mai 1940, bis zum Einmarsch der Deutschen.

Die Widerstandskämpfer, die Antifaschisten, teilen ihre Zellen mit deutschen Faschisten, die auch interniert wurden. Und «Erna» lacht, als sie das erzählt. Groteske Situationen.

Die Hitler-Armeen «befreien» sie aus einem Internierungslager. Im Chaos des Krieges glückt die Flucht. Es gelingt ihr unterzutauchen. Sie arbeitet als Näherin beim «Beutestab der deutschen Luftwaffe». Ein Jahr lang kann sie unerkannt bleiben. Dann wird sie verhaftet. Am 19. August 1941. Dann wird aus «Erna» wieder die Anna Fichter:

«Was die eigentliche Ursache meiner Verhaftung war, das kann ich nur ahnen. Die Polizei machte Razzien bei belgischen, bei holländischen Familien, wo einmal deutsche Emigranten gemeldet waren. Bei dieser Gelegenheit, wie man diese Leute verhaftet hat, war ich auch dabei. Eines Morgens kam zu mir die Gestapo in die Wohnung, und ich war verhaftet. Ich war dann zwei Monate in einem deutschen Wehrmachtsgefängnis und bin dann am 1. November 1941 nach Deutschland überführt worden. Das ging über das Polizeigefängnis Aachen, Düsseldorf, dann kam ich in Essen an.

Inzwischen hatte die Polizei, die Gestapo – es waren ja jetzt schon allerhand Jahre vergangen, seit ich aus Deutschland weg war – doch einiges Material gegen mich gesammelt, und ich habe mich eigentlich bloß gewundert, daß nicht mehr herausgekommen ist dabei. Aber das haben wir nachher erfahren, warum. Mein Mann, der inzwischen auch verhaftet war, was ich natürlich nicht wußte, der hatte wohl sehr viel auf sich genommen.

Er ist in Holland verhaftet worden. Und das glaube ich auch. Ich war im Besitz einer holländischen Adresse, wo ich schon mal hinschreiben konnte. Und ich habe da dann hingeschrieben. Ich hatte nämlich mit ihm schon lange keine Verbindung mehr. Und bekam prompt von ihm Antwort. Er hat mir dann geschrieben, aber in einer Form, als wenn sich Freundinnen schreiben.

Im letzten Brief stand dann: ‹Schreib bitte nicht wieder. Du wirst lange Zeit nichts mehr von mir hören. Aber mach Dir keine Sorgen um mich.› So ungefähr war der Brief.»

Es gibt die Zelle noch, in der Anna Fichter während ihrer Vernehmungen im Essener Polizeipräsidium eingekerkert war. Es gibt den Zellentrakt im Keller noch.

Wir bekommen die Genehmigung, dort Filmaufnahmen mit Anna Fichter, die heute Teschner heißt, zu machen. Seltsam unkompliziert geht das. Die Zellen dienen heute als Ausnüchterungszellen für sogenannte «hilflose Personen».

Der Polizist, der uns begleitet, schaut betroffen, als Anna zu berichten beginnt. Versteht er, daß Polizei einmal anders war? Oder war sie gar nicht anders? War sie immer nur ausführendes Organ einer möglichst «anonym» bleibenden Staatsmacht? Damals schon. Und heute wieder in Nürnberg, in Wuppertal, in Remscheid, in Berlin, Wackersdorf?

«Die Zellen haben sich überhaupt nicht verändert. Nur vermisse ich den Kübel, der damals drinnen war. Und das Waschbecken. Und die Wasserkanne.

Aber alles andere ist so geblieben. Die Pritsche steht noch so. Die kleine Heizung. An der habe ich mich oft versucht zu wärmen. Aber die war mehr kalt.

Der Tisch in der Ecke war so, und der Schemel war so.

Richtig genommen war die Zelle für eine Person eingerichtet, aber ich habe immer zu zweit auf dieser Pritsche schlafen müssen. Einmal hatte ich eine junge Russin da, die nicht allein auf einer Zelle sein konnte, weil sie Furchtbares mitgemacht hatte bei der Bombardierung.

Übrigens habe ich hier die ersten großen Angriffe auf Essen mitgemacht. Da kamen wir aus den Zellen heraus und standen dann hier unten mit den Polizeibeamten zusammen.»

Gegen Anna Fichter wird Anklage erhoben, und sie wird zu achtzehn Monaten Gefängnis verurteilt. In der Haftanstalt in Hamm sitzt sie ihre Strafe ab. Am 22. Februar 1943 ist die Strafe verbüßt, doch Anna Fichter wird nicht in die Freiheit entlassen. Gegen sie ist in der Zwischenzeit ein Schutzhaftbefehl erlassen worden. Auf Antrag der Gestapo in Essen. Schutzhaftbefehle wurden auf Antrag vom Reichssicherheitshauptamt erlassen und bedeuteten für die Betroffenen unbegrenzten Aufenthalt im KZ.

Der Generalstaatsanwalt   Hamm(Westf.), den 9. Mai 1942
5 O.Js. 58/42   Fernspr.: 178o/87

                     Für die Richtig-   Hochverratssache! Vertraulich!
                     keit der Abschrift
                     zeichnet: Haftsache!

                     A n k l a g e s c h r i f t

Bl. 8   Die Näherin Anna Elvira F i c h t e r , geborene
               Bartenbach, aus Brüssel, Schaerbeck, Rue de
Bl. 1a   Robinao Nr. 75, geb. am 23.7.1910 in Remscheid,
Bl.2, 19,2o   verheiratet, nicht vorbestraft,
               nach vorläufiger Festnahme am 19.8.1941 auf
               Grund des Haftbefehls des AG. Essens vom 27.Novem-
               ber 1941 in der Untersuchungshaftanstalt in Essen
               in Untersuchungshaft,

                           Wird angeklagt,

               in Belgien und Holland in den Jahren 1935 bis
               1939 fortgesetzt und teilweise mit anderen Mit-
               tätern handelnd, das hochverräterische Unternehmen, mit Gewalt oder durch Drohung mit Gewalt
               die Verfassung des Reichs zu ändern, vorbereitet
               zu haben, wobei die Tat
               a) darauf gerichtet war, zur Vorbereitung des
                  Hochverrats einer organisatorischen Zusammen-
                  halt herzustellen oder aufrecht zu erhalten,
               b) im Auslande begangen worden ist.

               Verbrechen strafbar nach §§ 8o Abs. 2, 83 Abs. 2 und
               3 Ziffer 1 und 4, 47, 73 StGB.

               Beweismittel:
                     Geständnis der Angeschuldigten

                     Wesentliches Ergebnis der Ermittlungen.

                           I.
Bl. 9r   Die Angeschuldigte gehörte seit der Entlassung
               as der Volksschule der Arbeiter-Sportbewegung
               an. Bereits mit 17 Jahren trat sie der KPD bei.
               Ende 1932 nahm sie als Delegierte der KPD an dem
               Delegiertentag in Dortmund teil.
               Funktionen innerhalb der Partei oder deren Neben-
               organisationen hat sie nicht bekleidet.
               Im Jahre 1928 heiratete sie den Steindrucker Oskar
               Fichter, der wegen Vorbereitung zum Hochverrat vom
               Oberreichsanwalt beim Volksgerichtshof verfolgt wird.

                                             II.

Im Frühjahr 1934 emigrierte der Ehemann aus Furcht vor Strafe nach Holland und bat von dort aus die Angeschuldigte nachzukommen. Sie kam der Bitte nach, fuhr im Frühjahr 1935 nach Emmerich und wurde von dort durch einen Grenzkurier zur holländischen Grenze geleitet. Sie überschritt die grüne Grenze und begab sich gleich über Arnheim nach Amsterdam zu der ihr von ihrem Ehemann angegebenen Wohnung. Da ihr Ehemann inzwischen festgenommen und nach Belgien abgeschoben worden war, reiste sie, nachdem sie einige Monate von der "Roten Hilfe" in Amsterdam unterhalten worden war, nach Brüssel weiter, wo sie ihren Ehemann antraf.

In Brüssel hat sie sich zusammen mit ihrem Ehemann von Anfang 1936 bis Juli/August 1936 aufgehalten. Die Eheleute wurden von der "Roten Hilfe" unterstützt. Die Angeschuldigte will Gegenleistungen nicht verrichtet haben und nimmt an, dass ihr für die Tätigkeit ihres Mannes auch ihre Unterstützung gewährt worden sei. Der Ehemann führte in Brüssel die übliche Emigrantenarbeit aus.

Als im Juli oder August 1936 der Ehemann nach Verviers zur Verrichtung von Grenzarbeiten abgeordnet wurde, folgte sie ihm. Beide wohnten dort etwa August 1937

und wurden auch hier von der "roten Hilfe" unterstützt. Angeblich bezog der Ehemann für seine illegale kommunistische Tätigkeit etwa 400 belg. Franken im Monat. Etwa August 1937 wurden die Eheleute aus Belgien ausgewiesen und begaben sich nach Luxemburg, wo sie bis September 1938 polizeilich angemeldet wohnten. Der Ehemann verrichtete in Luxemburg ebenso wie in Belgien Parteiarbeiten und wurde hierfür bezahlt. Die Angeschuldigte will auch in Luxemburg keine illegale Arbeiten verrichtet haben und auch nicht zur üblichen Emigrantenarbeit herangezogen worden sein. Sie will sich vielmehr durch Gelegenheitsarbeiten einen Nebenverdienst verschafft haben. Das Gegenteil ist ihr nicht nachzuweisen.

Im September 1938 kam es zwischen den Eheleuten zu einem Zerwürfnis. Der Ehemann begab sich nach Paris, die Angeschuldigte nach Antwerpen, wo sie sich zugleich bei der "Roten Hilfe" anmeldete, als Emigrantin anerkannt, den Decknamen "Erna" erhielt und in der Folgezeit auch regelmässig unterstützt wurde. Als Gegendienst hatte sie die übliche Emigrantenarbeit zu leisten. So musste sie Bons verkaufen, auf einer Liste sammeln und den Erlös an die "Rote Hilfe" in Antwerpen abführen. Diese Emigrantenarbeit hat sie bis zu ihrer Festnahme im Oktober 1939 geleistet. Dann wurde sie interniert und kam in das Brügger Gefängnis. Anfang Mai 1940 wurde sie aus Brügge abtransportiert und einige Tage später in dem Internierungslager Lombardsyde

von den deutschen Truppen befreit. Sie begab sich nach Brüssel, wo sie sich etwa von Anfang Juni 1940 bis zu ihrer am 19. August 1941 erfolgten Festnahme in vorliegender Sache aufhielt.

III.

Die Angeschuldigte hat durch ihr vorstehend geschildertes Verhalten die ihr als langjährigen Kommunistin bekannten hochverräterischen Pläne der illegalen KPD bewusst gefördert und sich dadurch im Sinne der Anklage des Verbrechens der Vorbereitung zum Hochverrat schuldig gemacht.

«Als ich ins Hammer Gefängnis eingeliefert wurde, da waren auch Genossen von mir, die saßen schon dort. Und die waren natürlich immer auf dem Posten, wenn Neue kamen. Und mein Name war ihnen bekannt. Es waren auch Bekannte von mir dabei. Da waren sie besonders interessiert, in den Akten, die ja immer mitkamen, zu schnüffeln. Und da stand es drin.

Und da haben meine Genossen mir dann mitgeteilt durch ein Kassiber, daß... Wenn die Strümpfe der Gefangenen, die zum Stopfen in unsere Zelle gebracht wurden, wenn der Sack, wo die drin waren, mit einem weißen Band zugemacht wäre, das bedeutete, daß ich nach der Haft nicht in ein KZ käme, wäre aber ein roter Faden darum, dann hätten sie in den Akten gelesen, daß ich im Anschluß daran in das KZ Ravensbrück käme. Und es war ein roter Faden...»

Am 28. April 1943 wird Anna Fichter, zwischendurch wieder im Polizeigefängnis Essen eingesperrt, ins KZ Ravensbrück verbracht. Und wenn sie jetzt davon erzählt, kommen ihre Worte stockend, und ihr Gesicht zeigt ihr wahres Alter, und ihre Augen spechen von unendlichem Leid.

«Auf diesem Transport nach Ravensbrück hörte ich das erste Mal wieder etwas von meinem Mann...

Der Polizeibeamte, der mich zum Bahnhof brachte, zum Bahnsteig, der hatte auch meine Akte bei sich. Die Akten gingen ja immer mit dem Häftling mit.

Und wir hatten noch etwas Zeit, der Zug war noch nicht eingelaufen. Und er schaut in die Akten und sagt zu mir:

‹Hören Sie mal, Sie sind die Frau von dem hingerichteten Oskar Fichter?›

Ich sag:

‹Was? Das kann doch wohl nicht stimmen.›

‹Ja, ja›, sagt er, ‹das steht hier.›

Ich ahnte etwas. Ich hatte doch, wo ich im Gefängnis saß, so manchmal gehört, da hat mal einer der Polizeibeamten über den Gang gerufen:

‹Fichter? Wir hatten doch schon mal einen aus Gronau hier.›

Und da hab ich gedacht, das kann aber doch gar nicht wahr sein. Dann hätte ich doch etwas wissen müssen.

Jedenfalls – jetzt lief der Zug ein, aber – da hab ich geschwankt, das muß ich ehrlich sagen, obwohl ich noch gar keine Gewißheit hatte. Nur – der Zug lief ein, und ich wurde dahinein verfrachtet.

Der war schon voll von Häftlingen. Das waren alles so kleine Bo-
xen, wo man drinnen war. Und ich wurde in so eine Box gedrückt.
Meine Akten, die wurden ja jetzt dem anderen Transportleiter über-
geben.

Und nach einer Weile – der Zug setzte sich schon in Bewegung –
wurde die Tür aufgerissen. Ich stand noch wie betäubt gegen diese
Tür gelehnt. Und die wurde aufgeschlossen, und der Beamte schrie
hinein:

‹Wer ist hier Frau Fichter?›

Und da sagte ich:

‹Ich bin das.›

Und da schrie er die zwei Frauen an, die da saßen:

‹Steht mal auf, macht mal für die Frau Platz!›

Und dann sagte er:

‹Kommen Sie mal mit mir!›

Und sagte – und ich muß schon sagen, in seiner Stimme, da lag so ein
komischer Ton:

‹Ihr Mann ist hingerichtet.›

Ich hatte mich jetzt gefangen. Ich sag:

‹Ich weiß von nichts, aber auf dem Bahnsteig, der Beamte hatte solche Bemerkungen gemacht.›

Und ich sag:

‹Jetzt möchte ich das aber wirklich wissen. Lassen Sie mich doch mal
einen Blick in die Akten tun!›

Da sagt er: ‹Das darf ich nicht.›

‹Na›, sag ich, ‹Sie durften mir auch nicht was aus den Akten erzählen. Und ich möchte darauf bestehen.›

‹Na ja›, sagt er, ‹kommen Sie mal mit.›

Da nahm er mich mit in sein Dienstabteil und gab mir tatsächlich die
Akten zu lesen. Da stand es dann schwarz auf weiß, daß er am
18. 1. 1943 hingerichtet war in Köln, im Klingelpütz...»

Und sie geht zu dem Schrank, der nun offen steht, kramt darin und kommt
wieder mit einem Brief, den sie wortlos vor mich hinlegt. Es ist der letzte Brief
Oskar Fichters an sie. Einen Brief, den sie erst viel später, lange nach Kriegs-
ende, bekommen hat.

Brief des Oskar Fichter
«Mein braves Lieb!
Nun ist die Entscheidung gefallen. Nur noch wenige Stunden,
und das Urteil wird vollstreckt sein.
Sei fest davon überzeugt, daß ich den Tod in ruhiger fester Haltung erwarte. Dich aber bitte ich von ganzem Herzen, trauere
nicht lange um meinen Tod. Richte Deine Blicke in die Zukunft,
in der Dich ein neues Leben erwartet. Das wird Dir die Kraft
verleihen, über das Geschehene bald hinweg zu kommen...»

*Da gibt ein Mann, der zum Tode verurteilt ist, der barbarisch ermordet werden
wird, seiner Frau den Glauben an eine bessere Zukunft mit auf den Weg.*

   *Und als ich wieder sprechen kann, stelle ich ihr die Fragen, die ich ihr schon
lange stellen wollte.*

   *Hat sie, die Anna Fichter, denn an eine bessere Zukunft geglaubt, so wie ihr
Mann?*

«Davon war ich immer überzeugt, daß der Faschismus nicht ewig dau-
ern konnte. So etwas geht nicht lange gut. Die Völker lassen sich das
einfach nicht gefallen. Und – man kann nicht dauernd Krieg führen.»

*Und warum hat sie Widerstand geleistet? Ist nicht Mitläuferin geworden wie
doch fast alle anderen auch?*

«Das liegt nicht in meiner Natur. Ich wußte ja, was Faschismus bedeutet. Faschismus ist Unterdrückung, das ist... Und dagegen mußte ich
etwas tun.

   Wissen Sie, wir waren zwar nur ein kleines Rädchen, das an der
inneren Front Kräfte binden konnte, die dem Angriffskrieg verlorengin-
gen... Aber auch darüber hinaus war der Widerstand, meine ich,
eine moralische Stütze für Gruppen, die zwar nicht direkt im Widerstand standen, aber doch Nazi-Gegner waren.

   Und dann will ich nicht vergessen, daß die Frauen und Männer der
‹ersten Stunde› nach dem Krieg aus dem Widerstand kamen. An den
Spitzen der Kommunen standen 1945 Männer und Frauen aus dem
Widerstand oder an verantwortlicher Stelle beim Aufbau. Männer und
Frauen aus dem Widerstand!»

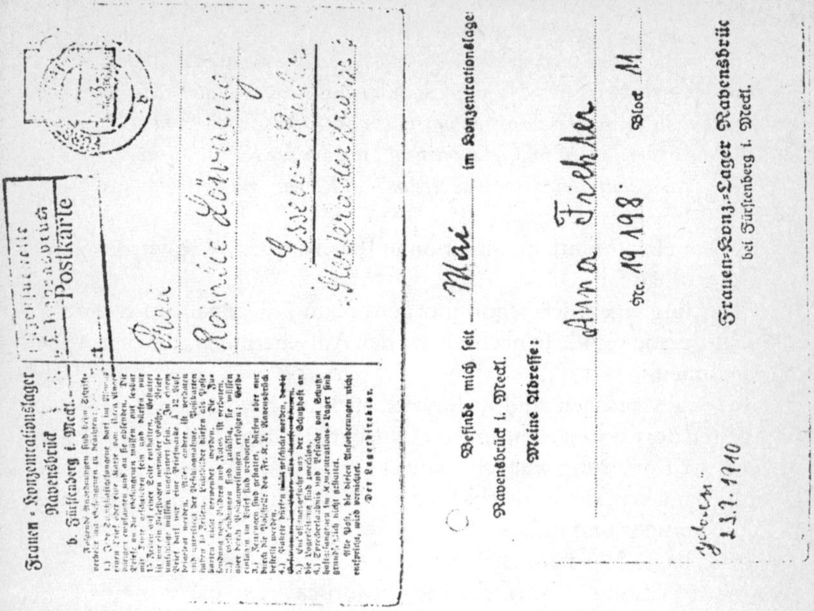

Frauen - Konzentrationslager
Ravensbrück
b. Fürstenberg i. Meckl. —

Postkarte

An

Familie Löhring

Essen-Ruhr
Hindenburgstr. 123.

Befinde mich seit Mai ____ im Konzentrationslager

Ravensbrück i. Meckl. ____

Meine Adresse:

Anna Fiehler

Nr. 19 198 ____ Block M

Frauen-Konz.-Lager Ravensbrück
bei Fürstenberg i. Meckl.

geboren
23.7.1910

Das ehemalige Frauenkonzentrationslager Ravensbrück – Übersichtsplan

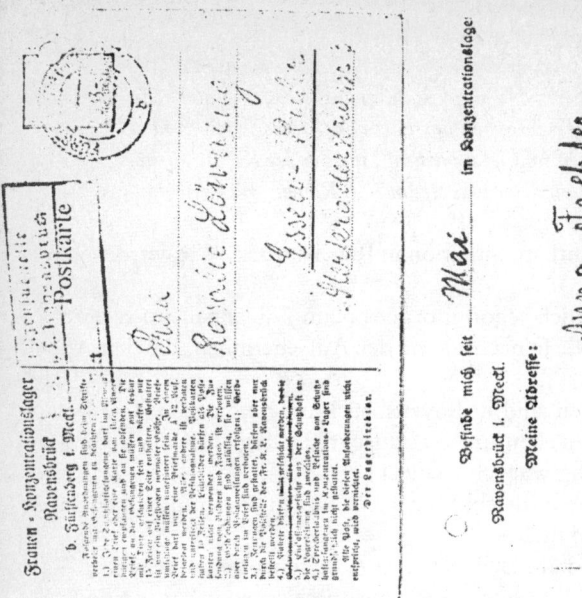

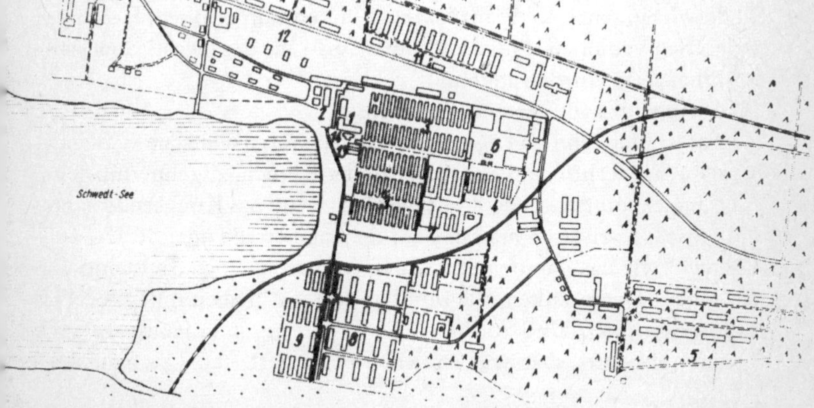

1 Zellenbau
2 Kommandantur
3 Frauenlager
4 Männerlager
5 Jugendlager Uckermark
6 SS-Betriebe-Werkstätten
7 SS-Betriebe-Werkstätten

8 Siemenslager-Arbeitslager
9 Siemenslager Häftlingslager
10 DAW - Deutsche Ausrüstungswerke
11 SS-Beutelager
12 SS-Wohnsiedlung
13 Gaskammern
14 Krematorium

Schwedt-See

Am nächsten Tag sind wir mit Anna Teschner in einer Essener Schule, einem Gymnasium. Eine ihrer Aufgaben heute: Geschichtsunterricht in einer Oberprima. Geschichte über Nazi-Deutschland aus erster Hand. Sie geht oft in Schulen, die Anna Teschner, oft begleitet von ihrem Genossen Hans Lomberg, der in den 50er Jahren im Gefängnis saß, weil er der KPD angehörte.
Und sie erzählt von dem, was sie im KZ Ravensbrück erlebte:

«Es war eine furchtbare Situation in Ravensbrück. Wir wurden gefoltert, mißhandelt.

Das fing eigentlich schon morgens beim Zählappell an, wenn man nicht gerade stand. Je nach Laune der Aufseherinnen, die den Appell abnahmen.

92000 Menschen sind in Ravensbrück umgekommen. Die Bedingungen dort waren eben äußerst schlecht, die hygienischen Bedingungen, die Ernährung war sehr schlecht.

In Baracken, die vielleicht für 250 Menschen bestimmt waren, lagen bestimmt 700 und mehr.

Das letzte Jahr zum Beispiel, wie Auschwitz geräumt wurde – die ganzen Häftlinge kamen nach Ravensbrück. Also das war eine Fülle! Man konnte sie gar nicht mehr in Baracken unterbringen. Man hat große Zelte aufgestellt ohne hygienische Einrichtungen. Die Frauen, die starben weg wie die Fliegen. An Hunger, an Krankheiten, an medizinischen Versuchen...

Ja, und ich habe es überlebt.

Ich habe eben viel Glück gehabt!

Es war Anfang April 1945, da fuhren vor das Lager große Lkw mit dem Roten Kreuz drauf. Die kamen von Schweden und holten einen Teil der Gefangenen ab: Französinnen, Luxemburgerinnen, Holländerinnen, Schwedinnen, Norwegerinnen, also aus dem westlichen Ausland Inhaftierte wurden abgeholt.

Wir haben uns alle gefreut, für sie mit.

Der Rest, der dann im Lager verblieb, das waren deutsche Häftlinge, polnische, tschechische, Russinnen, Italienerinnen, Zigeunerinnen...

Das Lager sollte dann geräumt werden. Denn das Kriegsende nahte. Und am 28. April trieb man uns auf die Lagerstraße oder den Appellplatz, wie wir das nannten. Es waren immerhin noch Tausende von Häftlingen. Die Kranken, die mußten drinnen bleiben im Lager. Das waren etwa 3000. Und zu ihrer Pflege sind gesunde Häftlinge auch drinnen geblieben. Das war natürlich nicht gestattet. Die haben das heimlich getan, um ihre Kameradinnen nicht ohne Versorgung zu lassen.

Wir anderen mußten nun auf die Lagerstraße, wurden noch ausgerüstet mit einem amerikanischen Rot-Kreuz-Paket. Das hatte uns die SS bis dahin vorenthalten, die sollten schon lange an uns ausgegeben werden. Es war überhaupt nichts mehr zu essen im Lager. Das war eine sehr schlimme Zeit. Die Bäckerei, die war zerbombt. Also gab es nichts mehr. Nun bekamen wir für den Marsch ein solches Paket in den Arm gedrückt. Es war eine ganz gespenstische Situation:

Vor der Kommandantur des Lagers wurden die Akten aus den Büros geholt und verbrannt. Das war ein riesiges Feuer. Und das Feuer verdunkelte die Sonne.

Es rückte Volkssturm an. Mit Panzerfäusten. Also es machte den Eindruck, als ob der Rest des Lagers gesprengt werden sollte.

Wir marschierten dann aus dem Tor. Das ging natürlich sehr langsam. Die SS, die uns bewachte, verlangte noch von uns – und wir mußten das auch tun –, Karren zu ziehen, wo sie Gegenstände, zum Beispiel geschnitzte Truhen, was für sie wertvoll erschien, mitnahmen. Und die Karren mußten wir geschwächten Häftlinge auch noch ziehen oder drücken.

Zu beiden Seiten dieses Zuges ging natürlich die SS, immer mit einer Maschinenpistole im Anschlag. Jeder Häftling, der zusammenbrach, kriegte den Todesschuß, blieb an der Straße liegen. Es war sehr mühselig voranzukommen, denn die Straßen waren verstopft von Wehrmacht, von Flüchtlingen. Und jedesmal, wenn so ein Troß kam, dann mußte unser Zug an die rechte Seite, so daß die Platz hatten, vorbeizukommen.

So läpperte sich das hin bis fast gegen Nachmittag, ohne Rast, ohne sonst was.

Und dann wurde ein Abschnitt aus diesem Zug herausgenommen. Da war ich bei. Und wir wurden angewiesen, in einen nahe liegenden Wald zu gehen, um dort eine Rast einzulegen.

Nun – wir waren, kaum daß wir uns gesetzt hatten, da ging eine furchtbare Detonation los. Die Äste von den Bäumen, die schlugen uns um den Kopf.

Es gab eine Auflösung, Panik brach aus. Auch die SS lief. Jeder lief praktisch um sein Leben.

Ich war mit einer Kameradin zusammen, einer Berlinerin, die ich schon aus meiner Emigrationszeit kannte. Und für uns war das die

Gelegenheit. Und wir sind dann fortgelaufen. Das war die Freiheit...!»

Und dann beantwortet sie Fragen, die Anna Teschner. Geduldig. Erschöpfend.

Wie sah Ihre Arbeit im Untergrund aus? Wie war die Zusammenarbeit mit Sozialdemokraten? Welche Vorstellungen gab es damals zu einer politischen Neuordnung?

Und einer der Schüler fragt:

«Ich wollte mal fragen, wie Sie Widerstand von damals im Vergleich zu heute sehen? Das ist auch die Frage, wo der Widerstand anfängt. Denn damals war die NSDAP zuerst ja noch eine kleine unbedeutende Partei, und heute haben sich ja auch neonazistische Gruppe gebildet?

Und Anna Teschner antwortet:

«Wenn wir heute Widerstand gegen Neo-Nazis leisten, dann können wir das mit den Mitteln unseres Grundgesetzes tun. Das heißt: aktiv eintreten, aufpassen und den Anfängen wehren...»

Und eine Schülerin sagt:

«Es ist aber doch so, daß die Demonstrationen von den Neo-Nazis polizeilich geschützt werden...»

Und Anna Teschner sagt:

«Sie meinen, diese Demonstrationen werden polizeilich geschützt, und auf den Gegendemonstranten, da wird natürlich drauf rumgeknüppelt... Und ob man sich nun dagegen wehren sollte?!

Na ja, wenn ich die Kraft dazu hätte und angegriffen würde, und ich bekäme einen Schlag – ich würde zurückschlagen!»

So ist sie, die Anna Teschner, die ich kennengelernt habe. So spricht sie mit ihren mehr als siebzig Jahren.

Es gibt noch einen Nachtrag zu dieser Geschichte. Einige Tage später sind wir im Hauptstaatsarchiv in Düsseldorf. Wir wollen noch Dokumente filmen. Dokumente aus den Gestapo-Akten mit den Nummern 18189 und 51212. Den Akten der Anna Fichter und des Oskar Fichter. Der Mann, der uns durch die Flure begleitet, uns die Akten aushändigt, ist Mitte Fünfzig. Er trägt einen Nadelstreifenanzug und ein feingestreiftes Hemd.

Der Mann, der uns begleitet, fragt:

«Warum kann man diese Sachen nicht ruhen lassen – nach so langer Zeit!»

Der Kameramann und der Tonmeister, beide auch nicht mehr ganz jung, schauen ihn an. Lange. Bis er unsicher wird und geht.

Wir finden einen Schutzhaftbefehl auf rosa Papier gedruckt. Und wir finden einen Bericht über die Hinrichtung des Oskar Fichter.

Bericht über die Hinrichtung des Oskar Fichter

«Die Hinrichtung des Verurteilten hat am 18. Januar 1943 durch den Scharfrichter Heer aus Hannover unter Mitwirkung seiner drei Gehilfen ordnungsgemäß und ohne Zwischenfall stattgefunden.

Die Vollstreckungshandlung vom Befehl zur Vorführung des Verurteilten bis zur vollendeten Hinrichtung dauerte 57 Sekunden.

Von der Übergabe an den Scharfrichter bis zur Trennung des Kopfes 10 Sekunden...»

Angeheftet ist die Rechnung des Henkers. Ein Betrag etwas über hundert Mark.

Klaus wünscht sich...

Fragt man einen fünf- bis achtjährigen Jungen nach seinen Wünschen zum Weihnachtsfest, werden von ihm bestimmt erst einmal viele Waffengattungen und Geschützarten aufgezählt, die ihm zu seinem in der Spielecke geführten Krieg noch fehlen. Da ist dann meist guter Rat teuer, denn nicht immer läßt sich das Gewünschte beschaffen. Viele mögen wohl an das Selberbasteln dieser Spielsachen denken, doch nicht recht wissen, wie und woraus sie möglichst stabil herstellen können. Nachstehend angeführte Vorlagen sollen dazu Anleitungen geben: zu dem aus Pappe und Holzteilchen gebauten Panzerwagen mit drehbarem Turm ist die Beschreibung auf dem Schnittebogen. Eine unbeschränkte Anzahl von Soldaten kann nach dem Muster H 7531 aus Pappe geschnitten und bemalt werden. Zu dem gleichen Muster gehört auch das Flugzeug, das aus Holzresten gearbeitet ist. Bei kleineren Jungen spielen noch Eisenbahn und Baukasten eine große Rolle. Die Eisenbahn aus Holz, bunt bemalt, ist für die Jüngsten gedacht. Vorlage: H 7532. Aus Holzresten läßt sich leicht ein Baukasten zusammenstellen und durch Anmalen einiger Formen lustig gestalten. Muster: H 7172. Spaß macht das Fußballspiel, rechts unten; Näheres auf dem Bogen.

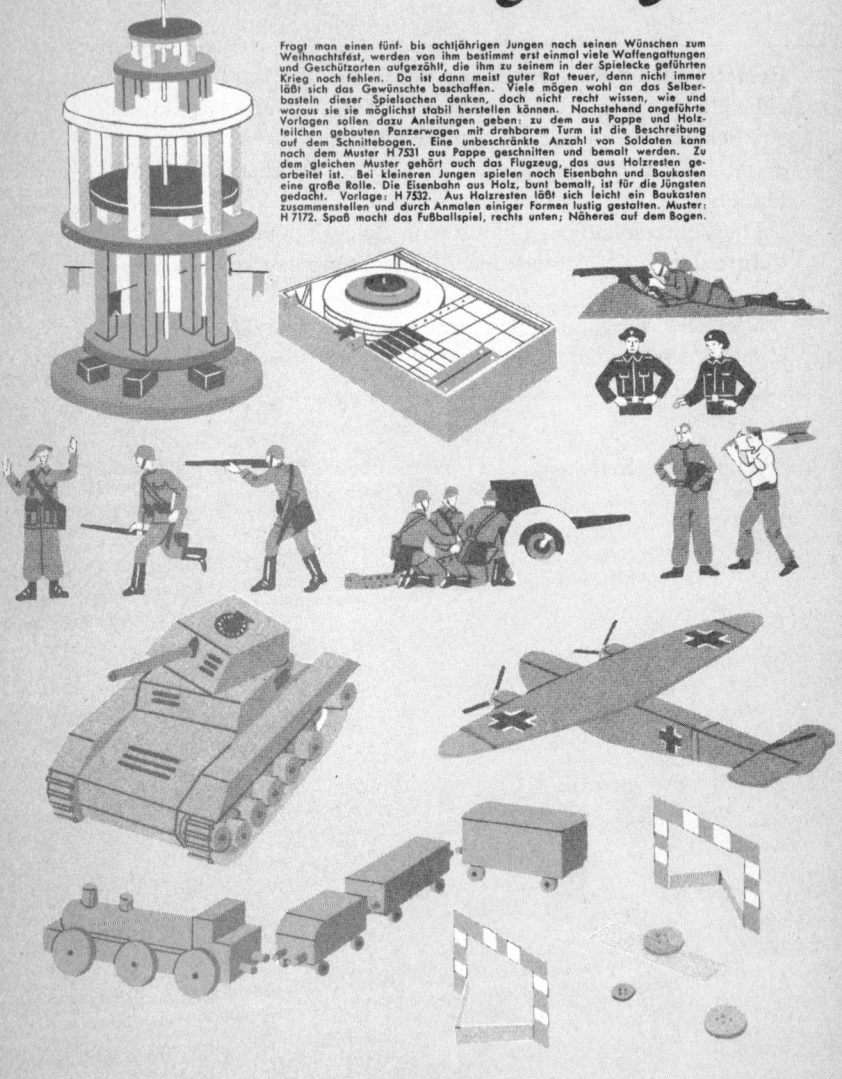

Ein Weihnachtsfest

Weihnachten 1943. Die Städte lagen in Trümmern. An allen Fronten des Zweiten Weltkrieges befand sich die deutsche Wehrmacht auf dem Rückzug. Noch im Februar 1943 hatte Propagandaminister Goebbels zum «totalen Krieg» aufgerufen. Frauen wurden zum Kriegseinsatz in der Wehrmacht und in der Rüstungsindustrie dienstverpflichtet.

*In der «Gelsenkirchener Allgemeinen Zeitung» heißt es in einer vorweih-
nachtlichen Ausgabe: «Jede Frau, jede Mutter und jedes Mädel weiß: Auch
dieses Weihnachtsfest, das fünfte dieses Krieges, soll nichts verlieren von dem
hellen Glanz und dem freudigen Schimmer, der über diesen Tagen liegt...
Wenn auch die Einkaufsmöglichkeiten beschränkt sind, so haben wir doch unsere Geschicklichkeit und unser handwerkliches Können, um allen eine Freude
zu bereiten...»*

*Zwei Frauen, die bereits in unserem Buch zu Wort kamen, erinnern sich
recht unterschiedlich an das Weihnachtsfest 1943.*

Zunächst **Johanna Alexander:**

An Weihnachten 1943 kann ich mich genau erinnern. Mein Mann war
damals an der Ostfront Soldat im Raume Smolensk, und wir hatten
wirklich im Traum nicht daran gedacht, daß er überhaupt nach Hause
kommen würde. Und dann, kurz vor Weihnachten – ich war bei Bekannten gewesen und dann nach Hause gekommen – steht mit
einemmal mein Mann in der Tür.

Ich sag: «Wie ist denn das möglich?»

«Ja, ich habe urplötzlich einen Urlaubsschein und einen Marschbe-
fehl bekommen und mußte jetzt fahren.»

Die Freude war ja unbeschreiblich. Das letzte Mal hatten wir uns im
Juli 1942 gesehen. Das war eine lange Zeit. Denn die Post war ja auch
nicht so, daß man sagen konnte: Heute schickst du sie ab, und morgen
ist sie da. Und wieviel war da geschehen in der Zwischenzeit. Wir
waren ja seit 1940 verheiratet, aber daß wir an ein Familienleben oder
an ein Eheleben denken konnten, das war ja gar nicht drin. Zeitweilig
kamen wir uns sogar fremd vor. Denn man hatte sich ja doch verändert
in der Zwischenzeit. Das heißt – erkannt habe ich ihn natürlich noch...

Ja, und dann – dann nahmen wir erst mal Besitz von unserer Wohnung. Das war das einzige Mal, daß wir im Krieg in unserer Wohnung
zusammen waren. Denn bereits 1944 wurde sie total zerstört. Bomben.

Und da gab es soviel zu entdecken. Ich war ja ganz alleine und hatte
die Wohnung auch alleine eingerichtet. Ich hatte sogar tapeziert. Die
Möbel besorgt. Die Wohnung, das hatte ich geschaffen. Und er stand
da nicht wie Alice im Wunderland, wie Willi im Wunderland. Da hatte
er nichts dran getan. Und damals war das schon etwas Besonderes. Wir
Frauen waren eben allein. Wir mußten die Entscheidungen treffen.

Ja, wie gesagt, in der Wohnung – da gab es manches zu entdecken,
und wir hatten an uns auch so einiges zu entdecken, wozu wir vorher

134

keine Zeit gehabt hatten. Aber dann waren da leider auch immer wieder diese Bombenangriffe, die uns dran hinderten, dieses Glück des Beisammenseins voll auszukosten.

Nun hätte man sich ja denken können – nach so langer Zeit – der bringt mir wenigstens etwas mit. Aber denkste – eine Flasche Slibowitz, glaube ich, das war das einzige.

Er wollte das ja dann gutmachen, mein Mann, daß er mir nichts mitbrachte und am 22. Dezember, da hatte ich Geburtstag, wurde 25 Jahre alt...

Er hatte da einen Freund oder Bekannten in Heßler und ging am nächsten Morgen weg und kam wieder und machte so ganz leise die Tür auf – ach, da kommt so ein kleiner weißer Wuschel rein. Er hat mir einen Mannheimer Seidenspitz, einen Hund geschenkt. Damit ich nicht mehr so allein bin, wenn er weg ist, und daß ich etwas zum Gernhaben, zum Wärmen hatte, denn es war ja etwas Lebendiges, das kleine Kerlchen. Ja, und das Weihnachtsfest selbst – ich bin an und für sich für so Äußerlichkeiten nicht so empfänglich. Kerzen und Blumen, die mochte ich gerne. Aber diese anderen Symbole, die das Weihnachtsfest im allgemeinen ausmachen, der Tannenbaum... wir beide hatten ihn nicht. Weihnachten ist das Fest des Friedens, sagt man. Aber wie soll man als Soldat wie mein Mann, wenn man aus der Hölle kommt, von einem Fest des Friedens reden?

Die Familien in der Nachbarschaft, das waren zum größten Teil Katholiken, die haben Weihnachten gefeiert, indem sie morgens in die Messe gingen oder nachts. Und die hatten dann ihren Tannenbaum und ihre Geschenke, damals meist Marke Eigenbau.

Es gab ja nichts zu kaufen. Am Kaiserplatz – dahin war für eine Weile der Markt umgezogen –, da gab es vereinzelt Tannengestecke zu kaufen. Ich sag immer Plüsch und Pleurosen. Aber die Marktleute wollten ja auch leben. Zu Weihnachten gab es dann eine Lebensmittel-Sonderzuteilung. Mehl, ein bißchen Zucker, und somit stand an diesem Weihnachten die häusliche Backerei an erster Stelle, besonders in den Familien, die ständig knapp bei Kasse waren, wo viele Kinder waren. Da stand sich auch die Hausfrau, die Mutter am besten, wenn sie alles selbst buk. Und die Rezepte waren auch meistens Eigenbau. Man konnte kaum nach Vorlagen gehen, so nach dem Motto: Man nehme... Man mußte mit dem zurechtkommen, was man hatte.

Die ersten sieben Tage, da mein Mann da war, das war wie ein

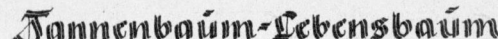

Tannenbaum-Lebensbaum

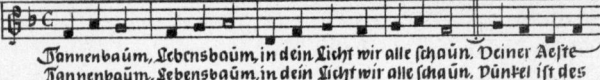

Tannenbaum, Lebensbaum, in dein Licht wir alle schaun. Deiner Aeste
Tannenbaum, Lebensbaum, in dein Licht wir alle schaun. Dunkel ist des
Tannenbaum, Lebensbaum, in dein Licht wir alle schaun. Und des Lichtes

grü-nes Kleid dauert, wenn die Welt verschneit, Tannenbaum, Lebensbaum
Winters Nacht, doch aus ihm der Glaube tagt. Tannenbaum, Lebensbaum
Mutterkraft in uns neues Leben schafft. Tannenbaum, Lebensbaum

Worte, Weise und Satz: Reinh. Heyden, aus: Lieder zur Weihnachtszeit.   Georg Kallmeyer Verlag, Wolfenbüttel und Berlin.

Licht muss wieder werden
nach diesen dunklen Tagen.
Lasst uns nicht fragen,
ob wir es sehen.
Es wird geschehen:
Auferstehen wird ein neues Licht.

Sind auch die Nächte schwarz u. schwer,
ist lichtlos auch ihr Schreiten,
will auch ein unsichtbares Heer
von Sorgen sie begleiten,
wir rufen durch die tiefste Nacht:
Volk gib acht! Volk gib acht!
Der Sieg ist uns zur Seiten!

Hermann Claudius

Rausch. Das war ein unglaubliches Glücksgefühl. Und dann plötzlich bricht es ab. Wenn dann die ersten sieben Tage vorbei sind, dann sagt man: «In den nächsten sieben Tagen, da muß man daran denken, daß er wieder weg muß.» Und damit war die ganze Freude dahin. Sicher – man hat sich das nicht anmerken lassen, daß man unter dem seelischen Druck stand, der muß jetzt wieder zurück an die Front und dann eben nicht zu wissen, wie sieht es in den nächsten Wochen aus.

Dann war da natürlich die Angst: Wird er überleben? Kommt er noch einmal zurück? Ist das die letzte Umarmung?

Weihnachten... ob da ein Christbaum gewesen ist oder nicht, war vollkommen unwichtig. Weihnachten 1943, das war für mich vor allem das Glücksgefühl, nach so langer Zeit einmal wieder beisammen zu sein. Davon hatte ich geträumt. Und diese Zeit des Beianderseins wollte ich ihm schön machen. Erst einmal in dem Bestreben, mich schön zu machen. Und dann hatte man wirklich das Bestreben, diese Tage besonders inhaltsreich zu gestalten, wir sind ausgegangen, soweit das möglich war. Ich wurde da von der Arbeit freigestellt, da gab es so eine Bestimmung, wenn der Mann in Urlaub kam.

Und das war dann wieder für lange Zeit das letzte Mal, das wir uns gesehen haben.

Ich habe diese Angst um ihn damals, ich habe das Grauen des Krieges niemals vergessen. Ich habe die Konsequenz daraus gezogen und habe gesagt: Nie wieder Faschismus, nie wieder Krieg. Und daß das auch durchgesetzt wird, dafür tragen besonders wir Frauen die Verantwortung.

Anna Teschner *war Weihnachten 1943 im KZ Ravensbrück, und ihre Erinnerungen sind natürlich ganz andere:*

Heiligabend wurde nur bis Mittag gearbeitet. Ich war auf einem Außenkommando, das hieß, ich rückte morgens mit meiner Kolonne aus und abends wieder ein. Praktisch schlief ich nur im Lager. Und als wir dann einrückten, da sah ich, auf dem Appellplatz hatte die SS-Leitung einen Tannenbaum aufstellen lassen. Und geschmückt war er auch.

Aber das war furchtbar anzusehen. Der «Baumschmuck» – das waren Fetzen von Unterkleidung, von Hemden, von Hosen, was weiß ich, die einmal Häftlinge getragen hatten, ob sie gestorben waren, ob man sie umgebracht hatte, das weiß ich nicht. Ich fand das einfach fürchterlich. Und das habe ich bis heute nicht vergessen. Ich hab immer, wenn ich einen Weihnachtsbaum sehe, diesen Weihnachtsbaum in Ravensbrück vor Augen.

Und dann – ich weiß nicht mehr, war es Heiligabend oder einen Tag davor –, jedenfalls mußten wir zum Zählappell antreten, urplötzlich, und durften nach Stunden noch nicht abtreten. Das hieß, in Reih und Glied in bitterer Kälte stehen, bis man endlich abtreten ließ. Man nannte das Strafestehen.

Die Ursache: Eine Lagerpolizistin hatte bemerkt, wie eine junge Ukrainerin einen Kohlkopf, so einen Weißkohlkopf, gestohlen haben sollte. Mit Sicherheit konnte sie das nicht sagen. Aber jedenfalls hatte sie diesen Vorfall der SS-Lagerleitung gemeldet.

Die Ukrainerinnen und Russinnen hatten sich in ihrem Block gerade zur Ruhe begeben, sich auf ihre Pritschen gelegt, da kam der Lagerkommandant Suren mit seinem Stab an und hat die Mädchen herausgetrieben, die mußten sich vor dem Block im Hemd aufstellen, die Kleidung über dem Arm, und wurden dann mit Scheinwerfern angestrahlt.

Aus der Festtagsküche

Falsche Krebssuppe

1 l Wasser, etwas Fett, 2 große Möhren, 1 Stück Sellerie, 2—3 Eßlöffel Tomatenmark oder Tomaten, etwas Mehl zum Andicken.

Das Wasser wird auf die geraspelten, in dem Fett angedünsteten Gemüse gegeben. Dann die Suppe mit Mehl sämig machen und gut nach Salz abschmecken. *L. Jaeger, Essen*

Gutes Karpfengericht

1—1½ kg Karpfen (oder anderen Fisch), 20 g Fett, ⅛—¼ l entrahmte Frischmilch, Wurzelwerk, 1 kleines Lorbeerblatt, Rhabarbersaft, etwas Salz.

Den wie üblich vorbereiteten Karpfen mit wenig Salz einreiben und mit Rhabarbersaft beträufeln. Die Bauchhöhle wird mit etwas Wurzelwerk und 10 g Margarineflöckchen gefüllt. In der Pfanne zerläßt man die restlichen 10 g Fett, legt das restliche Wurzelwerk und das Lorbeerblatt an den Rand, gibt den Fisch hinzu und läßt ihn bei mäßiger Hitze in der Röhre gar werden. Nach und nach gießt man die Milch zu. Zuletzt mit Rhabarbersaft und Salz abschmecken. Während der Garzeit den Fisch öfters begießen. Man reicht ihn mit Kartoffelsalat oder Kartoffelmus und grünem Salat. *E. Fechner, Frankfurt*

Festtagskraut, Abb. 1 und 2

1 mittelgroßes Weißkraut wird tortenförmig in Teile zerlegt. (Die Blätter sollen also am Strunk halt haben.) So wird es im Topf in wenig Wasser fast gar gedünstet. Danach werden die Krautteile auf einem Tuch oder Brett ausgebreitet, damit sie nicht zu feucht sind. Darauf paniert man die Teile in etwas Eiaustauschmittel oder nur Milch mit Mehl und anschließend in Paniermehl und bratet sie auf allen Seiten, nachdem man die Teile vorher noch mit Salz, Paprika und Dill gewürzt hat, schön braun. Dazu schmeckt sehr gut eine Tomaten-, Dill- oder Kräutertunke. *S. Schüßler, Bochum*

Marmeladerollen

300 g Mehl, ⅛ l Wasser (Milch), 20 g Fett, 70 g Zucker, 1 Ei, etwas Salz und ½ Päckchen Backpulver.

Alle Zutaten zu einem derben Teig kneten, ausrollen und mit Marmelade bestreichen. Man läßt die Marmeladenrolle gelbbraun backen. *H. Melzer, Jägerndorf*

Das zerschnittene Weißkraut wird paniert

und gebraten angerichtet

Die Blockälteste, ebenfalls eine Russin oder Ukrainerin, ich weiß es nicht so genau, mußte nun, weil sie etwas deutsch sprach, den Mädchen mitteilen, diejenige, die den Kohl gestohlen hätte, die sollte heraustreten. Und sie hat dann noch drangehängt, es tritt niemand raus, auch wenn jemand den Kohl gestohlen haben sollte, und wußte dabei nicht, daß der Lagerkommandant Russisch verstand. Und der hatte das nun verstanden, und da wurde die Blockälteste sofort in den Bunker gebracht. Das war verschärfte Haft, da war keine Pritsche, da war nur der nackte Boden, es gab bloß Wasser und Brot, also wer da längere Zeit drin war, der hatte sein Leben gelebt. Und ob sie da jemals wieder rausgekommen ist, das weiß ich nicht.

Die SS drängte die anderen Insassen dieses Blocks dann in den Tagesraum, das waren etwa zweihundert Frauen, verschloß die Fenster und Türen, nagelte sie zu, und es wurde das Wasser im Waschraum und in den Toiletten abgedreht, so daß sie ohne Wasser und alles waren. Und da ließ man sie drin.

Abends konnten sie dann den Schlafraum aufsuchen, ohne Essen, ohne Trinken.

Und das ging so bis zum 27. Dezember. Da hat man sie wieder aufgeschlossen, und dann mußten sie zum Zählappell antreten, das heißt, nach dieser Tortur sogleich zur Arbeit gehen.

Später ist mir durch eine Kameradin mitgeteilt worden, sie haben das durchhalten können, weil sie sich gegenseitig Mut zugesprochen haben, weil sie gesungen haben, wenn es ihnen auch schwergefallen ist...

Und dann haben sie sich in den Boden ein Loch gebohrt, wo sie dann abwechselnd mal ein paar Züge Frischluft einatmen konnten. Das war auch Weihnachten 1943.

In meinem Block, ich war zu dieser Zeit im Block 4, war es auch ziemlich voll, das war es überhaupt immer an Wochenenden und Feiertagen, wenn nicht gearbeitet wurde. Alles überbelegt.

Na und – sehr mutig waren wir nicht – es war eben Weihnachten, man dachte an Zuhause, man dachte an alles mögliche...

Wir hatten in unserem Block auch eine Tänzerin aus Brüssel, ich seh sie heute noch vor mir, sie war so ganz zerbrechlich und so schmal. Sah immer so traurig aus. Und die Frauen baten sie nun, ein bißchen zu tanzen. Ja, vielleicht weil Weihnachten war. Damit wir ein wenig Abwechslung kriegten.

Eine von den gefangenen Kameradinnen, die hatte eine Mundharmonika und spielte darauf, und diese Tänzerin tanzte dann... ohne Ballettschuhe, in Häftlingskleidung, das war schon ein komischer Anblick. Aber jedenfalls hatte sie uns doch damit eine kleine Freude gebracht.

Das war Weihnachten 1943.

Und dann die Kinder. Kinder und dieses seltsame Fest Weihnachten.

Es gab ja bei uns auch Kinder, die eingesperrt waren. In meinem Block nicht, aber in anderen Blocks. Diese ersten Blocks, die nannte man auch die Elite-Blocks, die wurden auch bei Führungen immer mal gezeigt. Das waren der erste bis fünfte Block...

Die anderen Blocks, die weiter hinten im Lager waren, die waren noch in weit schlimmeren Zuständen. Und da waren auch Kinder. Einige Male sah ich auch beim Zählappell Polinnen, die ihre Kinder bei sich hatten, auch kleine Kinder, die mußten genauso beim Appell stehen wie die Erwachsenen auch.

Und zu Weihnachten versuchte man nun natürlich, den Kindern irgend etwas zu schenken. Aber was soll ein Häftling schenken?

Aber sie haben was gemacht. Die haben sich die Brotrationen abgespart und Marmelade und haben daraus so Gebilde von Torten und Plätzchen daraus gemacht. Also das Brot in der Hand geknetet, bis es sich formen ließ, und das dann trocken werden lassen. Backen oder so etwas konnte man natürlich nicht. Oder aus Lumpen haben sie Bälle hergestellt. Und Puppen. Um den Kindern eine Freude zu machen.

Ja, ich denke sehr oft daran. Das muß ich schon sagen. Und eigentlich bedeutet mir Weihnachten seitdem überhaupt nichts mehr.

ro
ro
ro

C 912/8b